商务礼仪实务

李聪聪 王 燕 主 编
赵 蔚 杨晓丽 副主编

清华大学出版社
北京

内 容 简 介

礼仪是人类文化的结晶，是社会文明的标志，也是人们进行交往的行为规范与准则，被誉为成功步入社会的"通行证"，沟通人际关系的"立交桥"。孔子曰，"不学礼，无以立"。学习商务礼仪，有益于培养高尚的情操和卓越的交际能力，有助于营造友好气氛，构建和谐社会。本书内容丰富，文字通俗易懂并附有大量的图片、实际训练题目和十个相关礼仪微视频，样式新颖，生动灵活。本书共十一章，每章均有配套课件，主要介绍商务形象礼仪、商务仪态礼仪、商务见面礼仪、交谈礼仪、商务往来礼仪、馈赠礼仪、商务宴会礼仪、交通礼仪、求职礼仪、商务仪式礼仪等。

本书可作为职业院校各专业礼仪课程教材，也可作为生活中的商务礼仪普及用书。

本书封面贴有清华大学出版社防伪标签，无标签者不得销售。
版权所有，侵权必究。举报：010-62782989，beiqinquan@tup.tsinghua.edu.cn。

图书在版编目（CIP）数据

商务礼仪实务 / 李聪聪, 王燕主编. -- 北京 : 清华大学出版社, 2025.2.
ISBN 978-7-302-68347-6
Ⅰ.F718
中国国家版本馆 CIP 数据核字第 2025W0J415 号

责任编辑：张　弛
封面设计：刘　键
责任校对：刘　静
责任印制：杨　艳

出版发行：清华大学出版社
网　　址：https://www.tup.com.cn，https://www.wqxuetang.com
地　　址：北京清华大学学研大厦A座　　邮　编：100084
社 总 机：010-83470000　　　　　　　　邮　购：010-62786544
投稿与读者服务：010-62776969，c-service@tup.tsinghua.edu.cn
质量反馈：010-62772015，zhiliang@tup.tsinghua.edu.cn
课件下载：https://www.tup.com.cn，010-83470410

印　装　者：	三河市少明印务有限公司			
经　　销：	全国新华书店			
开　　本：	170mm×230mm	印　张：12	字　数：221千字
版　　次：	2025年2月第1版		印　次：2025年2月第1次印刷
定　　价：	49.00元			

产品编号：099831-01

前　　言

美国教育之父戴尔·卡耐基曾经说过："一个人事业的成功，15%靠自身的努力，而85%取决于良好的人际关系。"而在人际交往中最为关键的因素莫过于礼仪，它渗透在人际交往中的每个细节，因此礼仪自然成为建立人际关系的"通行证"，磨合人际关系的"润滑剂"。在现代社会的人际交往中，人们常将"细节决定成败"视为交往的关键因素。在这个意义上，也可以说礼仪体现细节，细节决定成败。

当今社会，可谓有礼走遍天下，无礼寸步难行。礼仪是一种无声的语言，它反映一个人的道德修养，也传递一个人对生活的态度。具有良好仪表的人，无论走到哪里，都能得到人们的尊敬。只有社会上讲文明、讲礼貌的人越多，这个社会才会越和谐。如果每个人都教养有素、礼貌待人、处事有节，人们的生活就会更加愉悦，国家也会更加安定有序。

本书编写内容结合人际交往学、公共关系学、服务心理学及个人情商提升等相关内容，目的是使读者知其然，也知其所以然，学以致用，知行合一，融会贯通。同时，增强读者学习和实践课程的自觉性、主动性和积极性，助力塑造仪表有风度、举止有节制、说话有尺度、交往有分寸、重细节、有格局的商务人士。

在编写过程中，编者充分考虑了社会发展的现状和时代背景，坚持理论与实践相结合的原则，将礼仪的基本理论和具体社交活动有机地结合在一起，旨在挖掘传统文化的核心内涵，汲取国内外优秀礼仪文化传统，使其具有较强的时代感和实用性，具体体现在以下几个方面。

（1）全面性。本书比较全面地覆盖了现代礼仪的重要内容，不仅对日常人际交往礼仪做了详细全面的介绍，同时还增加了外事礼仪和求职面试礼仪，涵盖内容广泛。

（2）实用性。通过案例导入培养学生对相关礼仪理论知识的兴趣以及研究讨论能力，着眼于应用型人才的需要，精心设计课后思考与练习项目，强化知识的实用性和可操作性，摒弃机械死板的习题形式，注重知识在现实人际交往中的应用。

（3）规范性。查阅大量资料，对有争议的问题，力求科学可行。每章知识由案例导入，内容罗列清晰明了，同时对重要知识点特别强调礼仪禁忌，做到正、反两方面论述。

（4）可读性。教材内容既有理论深度，又通俗易懂。针对重点知识配有图片，生动形象、清晰明确，便于理解和掌握，以适应广大青年学生、机关干部、企事业人员和社会各界人士的需要。

本书是青岛外事服务职业学校礼仪课程建设的成果。由李聪聪、王燕任主编，赵蔚、杨晓丽任副主编，姜娜和王菲参与编写。感谢参与图片和视频拍摄的同学们，向他们的专业态度和辛勤劳动表示感谢！在编写过程中，尤其要感谢从事政务接待的专家和青岛八大关宾馆、青岛啤酒博物馆以及青岛才企综合服务集团的行业专家，感谢在"商务往来礼仪"部分给予的宝贵意见，在此致以我诚挚的谢意！

礼仪的尽头是美学。既有个体的雅致之美，也有群体的和谐之美，以美寓礼，以礼化人，由善至美，美美与共，让我们共同迎接美好的未来。

谨以此书，献给同路人。

李聪聪
2022 年 12 月于青岛

教学课件

目　录

第一章　礼仪概述 ··· 1
- 第一节　礼仪的起源与发展 ································· 2
- 第二节　礼仪的特点和作用 ································· 5
- 第三节　商务礼仪 ··· 8

第二章　商务形象礼仪 ···································· 12
- 第一节　仪容仪表 ·· 13
- 第二节　西装礼仪 ·· 20
- 第三节　女士职业装 ······································ 31
- 第四节　配饰礼仪 ·· 33

第三章　商务仪态礼仪 ···································· 39
- 第一节　表情和手势 ······································ 40
- 第二节　仪态举止 ·· 47

第四章　商务见面礼仪 ···································· 63
- 第一节　问候礼仪 ·· 64
- 第二节　握手礼仪 ·· 67
- 第三节　其他见面礼仪 ···································· 70
- 第四节　介绍礼仪 ·· 72
- 第五节　名片礼仪 ·· 76

第五章　交谈礼仪 ·· 84
- 第一节　交谈礼仪概述 ···································· 85
- 第二节　电话礼仪 ·· 89
- 第三节　微信礼仪 ·· 94

第六章　商务往来礼仪 ··································· 102
- 第一节　接待礼仪 ······································· 103
- 第二节　拜访礼仪 ······································· 110

第七章　馈赠礼仪 ······································· 114
- 第一节　礼品的选择 ····································· 115
- 第二节　礼品的馈赠 ····································· 118

第八章　商务宴会礼仪…………………………………… 123
　　第一节　宴会礼仪概述………………………………… 124
　　第二节　中餐宴会礼仪………………………………… 126
　　第三节　西餐礼仪……………………………………… 134

第九章　交通礼仪………………………………………… 146
　　第一节　行路礼仪……………………………………… 147
　　第二节　乘坐交通工具的礼仪………………………… 150

第十章　求职礼仪………………………………………… 155
　　第一节　职业生涯规划………………………………… 156
　　第二节　求职礼仪概述………………………………… 158

第十一章　商务仪式礼仪………………………………… 166
　　第一节　剪彩仪式礼仪………………………………… 167
　　第二节　签约仪式礼仪………………………………… 171
　　第三节　开业仪式礼仪………………………………… 175
　　第四节　交接仪式礼仪………………………………… 181

参考文献…………………………………………………… 186

第一章

礼仪概述

学习目标

1. 了解礼仪的发展过程以及在历史上的意义。
2. 了解中国古代礼仪的精神内涵。
3. 掌握商务礼仪的定义以及在商务交往中的作用。

技能要求

了解不同风俗和地区的礼仪文化知识及其在人际交往中的运用。

> **案例导入**

"程门立雪"的故事

"程门立雪"典出《宋史》:"杨时见程颐于洛,时盖年四十矣。一日见颐,颐偶瞑坐,时与游酢侍立不去。颐既觉,则门外雪深一尺矣。"这个故事是说游酢与杨时去洛阳拜见程颐,去拜见那天,大雪纷飞,碰上程颐正在瞑目静坐,他们二人没有叫醒程颐,而是静静守在一旁。等到程颐醒来时,雪已经下了一尺深。游酢所作《书行状后》亦有这样的记载:"伊川瞑目而坐,二子侍立。既觉,顾谓曰:'贤辈尚在此乎?日既晚,且休矣。'及出门,门外雪深一尺矣。"《二程全书》中同样记载了这段程门立雪的佳话。

后来,"程门立雪"的故事逐渐被演绎运用,成为家喻户晓的礼仪故事,千百年来广泛流传。

第一节 礼仪的起源与发展

"没有规矩,不成方圆。"礼仪是人际交往的基本行为规范,只要有人的地方,就有礼仪。中国素称"礼仪之邦",礼仪文化源远流长,是传统文化的核心内容之一。根据现代人类学、考古学的研究成果,礼仪起源于人类最原始的两种信仰:一是天地信仰;二是祖先信仰。

一、礼仪的起源与发展

在原始社会,人类还处在蒙昧时代,生产力水平极端低下,靠天吃饭。人们对日月星辰、风雨雷电、山崩地裂、洪涝海啸和灾害瘟疫等许多自然现象无法解释,对自然现象充满了敬畏和恐惧,从而认为有超自然的力量在对人类的生活进行干预,对自然界产生神秘感和畏惧感,同时也形成了对自然的崇拜,并按人的形象想象出各种神灵(图腾)作为崇拜偶像。

另外,人们对自身的梦幻现象、祖先的更替无法解释,于是产生"灵魂不死"的观念,进而产生了对民族祖先的崇拜。对自然力量的崇拜和对民族祖先的崇拜一直是原始社会最主要的两个崇拜对象,也是人类最原始的两大信仰。礼仪的本质是治人之道,是鬼神信仰的派生物。

礼源于古代人类的祭祀活动,礼的本意就是敬奉神明,其主要形式是用礼器举行祭祀仪式,以表达人类对神和祖先的信仰与崇拜,期望通过人类的虔诚能感化、影响神灵和祖先,保佑风调雨顺,祈祷祖先显灵,拜求降福免灾。因此，有"礼立于敬而源于祭"之说。应当说，中华民族的历史掀开第一页的时候，礼仪就伴随着人的活动，随着原始宗教而产生了。礼仪制度正是为了处理人与神、人与鬼、人与人的三大关系而制定出来的。中国古代有"五礼"之说，祭祀之事为吉礼，冠婚之事为嘉礼，宾客之事为宾礼，军旅之事为军礼，丧葬之事为凶礼，如图1-1所示。

图1-1 "礼"的不同写法

随着人类社会的产生和发展，礼仪经历了从无到有，从低级到高级的过程，并在其传承沿袭的过程中不断发生变革。

据历史统计，人类在原始社会形态下的历史至少有一百万年，原始社会礼仪出现了萌芽状态。公元前一万年左右，人类进入新石器时期，不仅能制作精细的磨光石器，并且开始从事农耕和畜牧。在其后数千年岁月里，原始礼仪开始萌芽。例如，在今西安附近的半坡遗址中发现了生活在距今约五千年前的半坡村人的公共墓地。墓地中坑位排列有序，死者的身份有所区别，有带殉葬品的仰身葬，还有无殉葬品的俯身葬等。此外，仰韶文化时期的其他遗址及有关资料表明，当时人们已经注意尊卑有序、男女有别。长辈坐上席，晚辈坐下席；男子坐左边，女子坐右边等礼仪日趋明确。

进入奴隶制社会，大规模的奴隶劳动使社会生产力有了很大的提高，社会文明也进一步发展，人与自然、人与人之间的关系也更加深入和复杂。在这种情况下，礼仪仅作为一种祭祀祖先的形式已经不能起到在社会生活的各种关系中节制人的行为的作用，于是礼仪便从单纯祭神的领域跨入生活的领域，开始了对人们社会生活的全面干预。在这一阶段，奴隶主阶级为了维护本阶级的利益，巩固统治地位，修订了比较完整的国家礼仪和制度，提出了许多重要的礼仪概念，确定了崇古重礼的文化传统。

夏以前的礼仪很多无从考证，而夏、商、周三代的礼仪典籍中则对这三个朝代的礼仪有很多记载，同时有大量的出土文物为证。三代所处的奴隶社会，整个礼仪的主要内容是祭祀祖先和鬼神。礼制则始于殷而成于周，人们把"礼"与"德"结合起来，成了区分贵贱、尊卑、顺逆、贤愚的人际交往准则。此后，礼仪逐步扩展为吉礼、凶礼、宾礼、军礼、嘉礼五种礼制。"五礼"

的范围已基本包容了中国古代社会生活的各个领域，全面地规范着整个社会生活，制约着人的行为，并逐步成为一种具有相对稳定性的精神内容。

周朝关于礼的典籍很多，内容非常详细完备。到周朝，中国礼仪已经形成体系。《周礼》与后来的《仪礼》《礼记》，是我国最早的礼仪论著，被合称为"三礼"，也是被后世称道的"礼学三著作"。奴隶社会的礼仪旨在不断地强化人们的尊卑意识，以维护奴隶主阶级的利益，巩固其统治地位。当然，不容否认的是，这一时期的礼仪对于后世治国安邦、施政教化、规范行为、培养人格，起到了不可估量的作用。

但到了春秋战国时期，社会动荡，百家争鸣，礼仪出现了分化，分为国礼和家礼，出现了以孔子、孟子为代表的儒家学派。秦汉时期，重建礼仪，中国古代礼仪的内容越来越丰富。自秦汉以后，历代统治者都十分重视礼仪，推崇儒家的"礼治"。

封建社会时期，礼仪的明显特征就是将人们的行为纳入封建道德的轨道，形成了以儒家学派的学说为主导的封建礼教。礼仪的核心思想演变成"君权神授"的理论体系，所谓"天不变，道亦不变"。这里的"道"具体来说就是"三纲五常"。"三纲"指"君为臣纲、父为子纲、夫为妻纲"三条封建道德原则，要求为臣、为子、为妻必须绝对服从于君、父、夫。"五常"指"仁、义、礼、智、信"五个封建道德教条。这些都是用以调整君臣、父子、兄弟、夫妻、朋友等人伦关系的行为准则。

到了宋代，封建礼制有了进一步的发展，出现了以程颢和朱熹为代表的理学家，并把道德和行为规范作为封建礼制的中心思想，"三从""四德"成为这一时期妇女的道德礼仪标准。

近代以来，西方侵略者的入侵，使中国在进入半殖民地半封建社会的同时，也受到了西方的政治、经济、文化以及资本主义道德礼仪的影响。西方的文明和文化对中国传统秩序和伦理道德形成了巨大的冲击。

二、礼仪的含义

礼仪是指人们在社会交往中由于受历史传统、风俗习惯、宗教信仰、时代潮流等因素影响而形成，既为人们所认同，又为人们所遵守，以建立和谐关系为目的的各种符合交往要求的准则和规范的总和。总而言之，礼仪就是人们在社会交往活动中应共同遵守的行为规范和准则。

从个人修养的角度来看，礼仪可以说是一个人内在修养和素质的外在表现；从交际的角度来看，礼仪可以说是人际交往中适用的一种艺术，一种交际方式或交际方法，是人际交往中约定俗成的示人以尊重、友好的习惯做法；从传播的角度来看，礼仪可以说是在人际交往中进行相互沟通的技巧。

礼仪是人类社会中人与人之间为了更好地进行交际活动而共同遵循的、最基本的道德行为规范。它至少包含几层意思：一是"交际活动"，即只要发生人与人的社会交往活动，就必然会遵循一定的交往规范，就是说，礼仪渗透于人际交往的各项活动中；二是"共同遵循"，即它不是针对某一个阶层或某一部分人群，而是全社会成员都要遵循的；三是"最基本的"，就是说礼仪不是高不可攀、不可企及的，也不是可有可无、随心所欲的，而是每一个人都能够也必须做到的；四是"道德行为规范"，即礼仪属于道德体系中最基本的社会公德的范畴，是人的基本道德品质在言谈举止上的外在表现。从这个意义上讲，礼仪确实是一种"形式"，但这种"形式"是由一定的"内容"所决定的，这个"内容"就是人的思想道德品质。所以，人们常常把一个人的礼仪修养看成他思想道德品质高低的标志。

如果只讲道德而不懂礼仪，好人也会经常失礼；反之，如果虽懂礼仪，但内心缺乏恭敬、谦逊之心，则所谓礼仪就会变成一种虚伪的形式和客套。礼仪要发自内心，表里如一，真正的礼仪是内容与形式的完美统一。

第二节 礼仪的特点和作用

一、礼仪的特点

礼仪作为人际交往最基本的行为规范，具有自身的特点。了解这些特点，有利于人们更自觉地按照礼仪规范来待人接物。

（一）国际性特点

礼仪作为一种文化现象，是全人类共同的财富。全人类对礼仪的需要是共同的，不论哪个国家、哪个民族，都以讲究礼仪为荣，以不讲究礼仪为耻。随着全球化进程的加快，许多礼仪观念和礼仪规范也已经跨越国家和民族的界限，成为多数国家共同遵循的"国际礼仪"，如微笑礼、握手礼、鞠躬礼等。一般而言，社会的文明程度越高，其成员遵守礼仪的共同性就越强，趋同趋简是礼仪发展的大势。

（二）差异性特点

由于地域的不同、民族的不同、文化背景的不同，礼仪形式必然带有本地域、本民族的鲜明特色，并代代传承下去，表现出多种多样的差异性。如我国传统的拱手礼、跪拜礼在西方就很罕见，而西方某些国家流行的拥抱礼、亲吻礼在我国也较少使用。中国人在见面时多行点头礼或握手礼，而日本人在见面时互行鞠躬礼，鞠躬的深度直接与对方受尊敬的程度有关。

另外，同一礼仪形式在不同的民族中可能代表不同的意义。国际通行以点头表示肯定，摇头表示否定，而在尼泊尔则恰恰相反；欧美人普遍忌讳"13"这个数字，中国则无此忌；在美国，子女直呼父母的名字是很常见的，但在中国则是极其无礼的表现，是不礼貌的。

礼仪的差异性要求我们学习不同国家、不同民族和地区的礼仪风俗习惯，以防在国际交往中因为不懂异地习俗而出现差错，影响交流。

（三）时代性特点

一个国家、一个民族的礼仪一旦形成，通常会长时期地为后人沿袭，从而形成千差万别的礼仪形式。但礼仪规范也不是一成不变的，而是继承传统的同时不断与时俱进，具有明显的时代特征。

当今社会，各国的礼仪习惯有相互影响、相互融合的趋势，如中国传统婚礼中以红色象征喜庆，白色只用于葬礼上；而在现代中国，象征纯洁的白色婚纱正越来越普遍地被接受。随着社会经济的不断发展、人际交往的日益频繁，礼仪已经渗透到了社会生活的各个方面。所以，我们要相互了解，相互尊重，求同存异，与时俱进。

（四）规范性特点

礼仪作为行为规范，一旦形成，便相对固定，成为全社会成员必须共同遵守的惯用形式和"通用语言"，随意违犯，即为失礼。任何人想在交际场合表现得彬彬有礼，首先必须了解礼仪规范的要求，并无条件地加以遵守。擅自创立，或只遵守自己适应的那一部分，而不遵守自己不适应的那一部分，都难以成为一个受欢迎的人。

二、礼仪的作用

礼仪是人类社会文明发展的产物，是人们社会活动的行为准则。加强礼仪教育，对于提高自身的修养和素质，塑造良好形象，扩大社会交往，促进社会主义精神文明建设，都具有十分重要的作用。礼仪的作用主要表现在以下几个方面。

（一）传承文化，彰显历史

中华民族，素以礼仪之邦著称于世。几千年来，各族人民都创造了一整套独具特色的礼节、仪式、习俗、节令、规章和典制等，并为广大人民所喜爱、所沿袭，这些礼仪习俗，反映了我国民族的传统美德与优良品质，勾画了我国民族的历史风貌。

中国是四大文明古国之一，礼仪文化源远流长。我国古代思想家、教育家们十分重视"礼"的教育，把它看作当时社会的道德和伦理规范。早在两千多年以前，先人们就对礼仪的作用做过许多重要的论述。孔子就曾指出，"不学礼，无以立""道之以德，齐之以礼，有耻且格"。另一位思想家荀子也指出："人无礼则不立，事无礼则不成，国无礼则不宁。"在我国的历史上还流传着许多讲究礼仪的佳话。比如"张良纳履"（尊老敬贤）、"程门立雪"（尊敬老师）、"管鲍之交"（交友之道）、"三顾茅庐"（待人以诚），这些故事脍炙人口、妇孺皆知，对今人仍有很大的教育意义。

可见，讲究礼仪，按照礼仪要求规范人们的行为，有利于营造相互理解、信任、关心和友爱的良好社会氛围，有利于社会秩序的稳定和融洽，有利于促进社会主义精神文明建设，同时对继承我国礼仪传统，弘扬我国优良的礼仪风范，具有十分重要的作用。

（二）提高素质，文明修身

在人际交往中，礼仪往往是衡量一个人文明程度的准绳，它不仅反映一个人的交际技巧与应变能力，还反映一个人的气质风度、阅历见识、道德情操和精神风貌。因此，在这个意义上，完全可以说礼仪即教养，而有道德才能高尚，有教养才能文明。这也就是说，通过一个人对礼仪运用的程度，可以察知其教养的高低、文明的程度和道德的水准。

（三）塑造形象，协调关系

形象的主要构成部分包括一个人的音容笑貌、言行举止、着装打扮以及气质修养，人的外表形象在社会交际中发挥着重要的作用。形象的重要性在人际交往中显得尤为重要，特别是在一些特殊场合，如面试场合，应聘者如果因注重个人形象给考官留下良好印象，就容易获得心仪的工作。但也有不少人虽然有能力却因为忽略个人形象细节而得不到考官的青睐，从而与好的工作机会失之交臂。

（四）加强交流，沟通合作

马克思说过："社会是人们交往作用的产物。"没有社交活动，人类的生活是不可想象的。人们参加社交活动，多为调节紧张的生活、建立友谊、交流感情、融洽关系、广结良友、增长见识、获取信息。现代化的社会对人们的社交提出了新的要求，社会越发展，物质生活越丰富，人们社交的需要就会越显示出它的价值，而处在社交活动中的每个人的仪表、仪态及对礼仪知识的了解也变得极其重要。一个人只要同其他人打交道，就不能不讲礼仪。运用礼仪，除了可以使个人在交际活动中充满自信、胸有成竹、处变不惊之外，其最大的好处就在于，它能够帮助人们规范彼此的交际活动，更好地向交往对象表达自己的尊重、敬佩、友好与善意，增进大家彼此之间的了解与信任。

用现代人的眼光看，礼仪与礼貌是一种信息传递，它可以以闪电般的速度把尊重之情准确表达出来并传递给对方，使对方立即获得情感上的满足。与此同时，礼貌又反馈回来——对方以礼貌回敬。于是双方热情之火点燃了，支持与协作便开始了。假如人皆如此，长此以往，必将促进社会交往的进一步发展，帮助人们更好地在交际上获得成功，进而造就和谐、完善的人际关系，取得事业的成功。

（五）建设文明，礼尚往来

世界各国和各民族都十分重视交往时的礼节和礼貌，把它视为一个国家和民族文明程度的重要标志，正如古人所说："礼义廉耻，国之四维。"礼仪是立国的精神要素之本。在社会主义精神文明建设中，讲究礼仪礼节，注重礼貌是最基本的要求。它对建设精神文明的大厦起着基础作用，只有基础打得扎实，大厦才能巩固。

随着我国改革开放的深入和社会主义市场经济体制的确立，我国经济发展要和国际接轨，这些都对我国精神文明建设提出了更高的要求。只有提高中华民族整体的文明礼貌素质，才能营造和谐的社会环境和人际关系，吸引更多的外资和促进国际的贸易往来，从而推动我国经济建设的发展。提倡讲究礼仪礼节，做到文明礼貌，必将有效地促进社会主义精神文明建设。

第三节　商务礼仪

一、商务礼仪的内涵

商务礼仪是指在商务活动中，商务活动主体以约定俗成的程序、方式来维护个人形象或企业形象，表示对交往对象尊重和友好的行为规范和惯例。一般来讲，商务礼仪的范畴不但包括商务活动中言行合理、仪态得体，还包括按约定俗成的规范待人接物。

商务礼仪是商务活动中应该遵守的交往艺术，是无声的语言，是衡量商务人员素质和企业形象的重要标准。商务礼仪虽有一定的规则可循，但受人物、场合、时间等多种因素的影响，具有较强的灵活性。商务人员要想充分掌握商务礼仪，应学会在实践中探索，在互动中改进，将礼仪融入自我。

二、商务礼仪的原则

（一）真诚敬人

孟子曰："恭敬之心，礼也。"良好的商务礼仪包括两个方面，即真诚和尊重。商务礼仪是建立在商务活动基础之上的，商务活动大多是以盈利为目的的，但这种盈利行为并非短期行为，如果缺乏真诚合作和相互尊重，是无法真正打动对方并与对方建立长期合作关系的。一名优秀的商务人员不仅要追求完美的外在形象，更应该学会从心做起、用心交流，通过真诚的情感，打造坚实的与对方长期合作的关系。正如《礼记·大学》所说："欲修其身者，先正其心；欲正其心者，先诚其意；欲诚其意者，先致其知，致知在格物。"

（二）灵活变通

商务礼仪有基本的规则，由于各地风俗习惯的不同，商务礼仪也会存在一定的差异，这时就需要商务人员灵活变通地处理。一般来说，有两个原则可以遵循：客随主便和主随客意。

客随主便是指处于客方的商务人员应该主动了解并遵循对方约定俗成的风俗习惯和礼仪规范。客方的商务人员主动遵从主方的商务礼仪习惯，有助于增强主方对客方商务人员的信任感，从而促进双方商务活动的开展。

主随客意是指处于主方的商务人员应该主动了解并遵循对方商务人员所习惯的礼仪规范。客方的商务人员作为客人，理应受到优待，如果主方的商务人员能够主动按照客方习惯的商务礼仪规范进行，会让客人有种宾至如归的感觉，从而有利于商务活动的顺利进行。

（三）平等对待

平等是人与人之间建立链接的基础，是维系良好合作和人际关系的法宝。商务礼仪必然与商务活动紧密相关，在商务活动中，平等表现为不自以为是，不我行我素，不狂妄，不以貌取人，不厚此薄彼，或以职业、地位和权势压人，而是处处平等谦虚待人，礼尚往来，唯有如此，才能构建良好和谐的关系。

（四）自律原则

《淮南子》中说："君子行义，不为莫知而止休。"商务礼仪贯穿于商务活动中，但是很少有企业会对商务礼仪进行全程监控和考核，并且商务礼仪的效果往往具有滞后性，发现之时往往效果已造成。因此，商务人员应坚持自律原则，在形式上、思想上和行动上遵循礼仪规范，在长期的自律和自我约束中养成良好的礼仪习惯，实现自我品行的提升和个人境界的升华。

尊重是礼仪的情感基础，只有从尊重的角度出发的商务礼仪，才能被人们真心接受。尊重包括的范围较广，不仅要尊重他人，也要尊重自己、尊重自己的职业、尊重自己的企业等；尊重包括的内容也较多，不仅要尊重他人的习惯，也要尊重他人的隐私、信仰、权利等。

本章小结

中国有五千年文明史，素有"礼仪之邦"之称。礼仪文化作为中国传统文化的一个重要组成部分，对中国社会历史发展造成了广泛、深远的影响。礼仪所涉及的范围十分广泛，几乎渗透于古代社会的各个方面。

中国古代的"礼"和"仪"，实际是两个不同的概念。"礼"是制度、规则和一种社会意识观念；"仪"是"礼"的具体表现形式，它是依据"礼"的规定和内容形成的一套系统而完整的程序。

在中国古代，礼仪是为了适应当时社会需要，带有产生它的那个时代的特点及局限性。时至今日，现代的礼仪与古代的礼仪已有很大差别，我们必须着重继承对今天仍有积极、普遍意义的传统文明礼仪。这对于培养良好的个人素质，协调和谐的人际关系，塑造文明的社会风气，进行社会主义精神文明建设，具有现代价值。

本章思考题

1. 简述礼仪的起源和演变过程。
2. 礼仪对社会发展的功能是什么？
3. 礼仪有哪些方面的特点？
4. 礼仪的内涵是什么？
5. 商务礼仪的原则有哪些？
6. 试述中国古代礼仪与商务礼仪的区别。

课外知识

- 不学礼，无以立。

    —— 孔子

- 礼义廉耻，国之四维，四维不张，国乃灭亡。

    ——《管子》

- 礼者，人道之极也。

    —— 荀子

- 礼，经国家，定社稷，序民人，利后嗣。

    ——《左传》

- 安上治民，莫善于礼。

    ——《孝经》

- 道之以告德，齐之以礼。

    ——《论语》

- 礼，天之经也，民之行也。

    ——《左传》

- 人无礼则不生，事无礼则不成，国家无礼则不宁。

    —— 荀子

- 人有礼则安，无礼则危。

    ——《礼记》

- 礼以行义，义以生利，利以平民，政之大节也。

    ——《左传》

- 衣食以厚民生，礼义以养其心。

    —— 许衡

- 礼仪周全能息事宁人。

    —— 儒贝尔

- 头衔愈大，礼仪愈繁。

    —— 丁尼生

- 如果把礼仪看得比月亮还高，结果就会失去人与人真诚的信任。

    —— 培根

- 礼仪是在他的一切别种美德之上加上一层藻饰，使它们对他具有效用，去为他获得一切和他接近的人的尊重与好感。

    —— 洛克

第二章
商务形象礼仪

礼仪表演微课

学习目标

1. 掌握形象礼仪的原则,并在生活中灵活运用。
2. 掌握西装礼仪的要求。
3. 了解仪容修饰的重要性。
4. 掌握服饰搭配规律,做一个衣着得体的人。

技能要求

1. 在不同的场合运用形象礼仪,彰显个人素质。
2. 灵活运用西装礼仪,把礼仪与时尚结合起来。
3. 掌握职业装的着装环境与搭配技巧。

> **案例导入**

王璐即将从某重点大学金融管理专业毕业,她得到了一个银行面试的机会,职位是银行的市场推广专员。面试前,王璐认真学习了面试礼仪,做了充分准备,还特意从网上买了一套职业装和一双高跟鞋。面试那天,王璐穿着精心准备的职业装,伴随着高跟鞋鞋跟清脆有力的声音,自信满满地踏入了面试会议室。

始料未及的是,当她入座时发现裙子有点短,容易走光,面对考官有点尴尬,她只得紧紧将包放在腿上,整个面试过程也一直在想怎么应对裙子的问题,导致面试中语无伦次,状态紧张。

面试结束时,面试官说她不适合目前的职位,市场推广部需要自信大方、擅长沟通的新人,希望她明年再来试试看,期待她的语言表达能力更完美一些。

请问王璐面试失败的原因有哪些呢?如果你是王璐,应该怎样避免类似地失误发生呢?

第一节 仪容仪表

《礼记·冠义》中说:"礼仪之始,在于正容体,齐颜色,顺辞令。"其意思是说,礼是从端正容貌和修饰服饰开始的。一个有良好修养的人一定是体态端正、服饰整洁、表情自然、言辞得体的。这既是他内在修养的流露,也是尊敬他人的表现。仪容仪表美和内在美是一种表里的关系,一个人注重自身外在美的修饰是个人素养的体现,既维护了个人自尊,又体现了对他人的尊重。

一、仪容的概念

仪容主要是指一个人的容貌,包括面部五官、经常用作手势的手和上臂组成。在社交场合中给人留下深刻第一印象的主要是人的仪容。整洁卫生、得体美观是仪容礼仪的基本要求(图2-1)。

仪容美的基本要素是貌美、发美、肌肤美,主要要求整洁干净。美好的容貌一定能让人感觉到其五官构成的和谐并富于表情。好的发质发型使其英俊潇洒、容光焕发。肌肤健美使其充满生命的活力,给人以健康自然、鲜明和谐、富有个性的深刻印象。但每个人的仪容是天生

图2-1 得体的仪容

的，是不能轻易改变的。为了维护自我形象，有必要对个人的仪容进行必要的修饰。在仪容的修饰方面要注意以下六点。

（1）干净。要勤洗澡、勤洗脸，脖颈、手都应经常清洗，并经常注意去除眼角、口角及鼻孔的分泌物。要经常换洗衣服，消除身体异味。

（2）整洁。整洁即整齐洁净、干净清爽。要使仪容整洁，贵在重视持之以恒，这一点与自我形象的优劣关系极大。

（3）卫生。讲究卫生，是每一个人注重自我修养的必需，注意口腔卫生，早晚刷牙，饭后漱口，不能当着客人面嚼口香糖；指甲要常剪，头发按时理，不得蓬头垢面、体味异常，这是每个人都应当自觉做好的。咳嗽、打喷嚏时，应捂住口鼻，面向一旁。

（4）简约。仪容既要修饰，又忌讳标新立异、一鸣惊人。简练、朴素最好。

（5）端庄。仪容庄重大方，斯文优雅，不仅会给人以美感，而且易于使自己赢得他人的信任。相形之下，将仪容修饰得花里胡哨、轻浮怪诞是得不偿失的。

（6）妆容自然。在商务活动中，化妆不仅是商务人员美化仪容的需要，也是展示对对方尊重和仪式感的表现。自然是美化仪容的最高境界，修饰过度不仅会使人觉得刺眼，让人对其产生反感，还会破坏人的自然美。因此，商务人员的妆容应以自身客观条件为基础，依靠正确的技巧，适当修饰和美化，体现层次，点面到位、浓淡相宜，达到"妆成有却无"，这样才能使人感到自然真实之美。

化妆是一门技术，也是一项重要礼节。重要的商务场合要化职业妆，否则会被视为对他人的不重视（图2-2）。化妆要以展现五官的美，掩盖或矫正缺陷部位为目的。

图2-2　精致妆容

化妆之前要涂隔离霜以隔离彩妆，防止对肌肤造成伤害。后续可以使用遮瑕膏遮盖脸部瑕疵，用眉笔、眉粉画出自然眉形，用眼线笔画出眼线，涂上睫毛膏，然后为唇部涂上口红，最后用蜜粉定妆。化妆以淡妆为宜，眼影、眼线、眉形、口红颜色、腮红切忌夸张，具体步骤如图 2-3 所示。

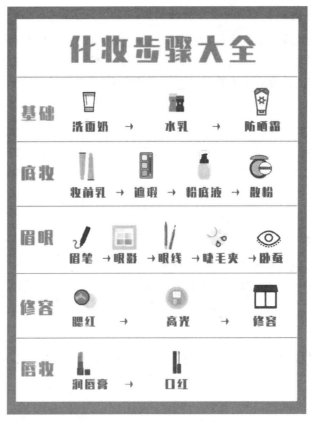

图 2-3　化妆步骤

1. 清洁皮肤

首先将皮肤用清水打湿，使用适当的洁面乳，用手搓揉起泡后，按摩皮肤，然后用清水清洗。彻底清洁T区、鼻子、下巴、前额和脸颊的皮肤是有益的。手指从内到外从下到上旋转。面部皮肤，尤其是眼睛周围的皮肤，非常敏感，清洁力不能太大。

2. 润肤水或爽肤水

视皮肤不同性质而选用，作用是给皮肤补充水分或收缩毛孔。化妆水使用时，用手或化妆棉蘸取化妆水由下向上、由内向外轻轻拍于面部。

3. 营养面霜

给皮肤补充营养，让肌肤处于一个更加水润细腻的状态，才是肌肤容易上妆的关键。如果肌肤特别干燥就开始上底妆，那么持妆性必然会变得很差，也特别容易卡粉，给下一步的化妆增加困难。

4. 防晒或隔离霜

隔离霜可以隔开空气中的粉尘、污垢和紫外线的照射，起到保护皮肤的作用。其中，防晒隔离霜适合干性皮肤用，防晒时间为 6 小时；防晒隔离乳适合油性皮肤用，也适合敏感性皮肤用，防晒时间为 2~4 小时。

5. 粉底

粉底分为粉底液、粉底霜和 BB 霜等，根据自己的肤质来选择合适的。皮肤轻微瑕疵的人可用粉底液，油性肌肤不建议用粉底霜。涂抹粉底时推荐用海绵粉扑或化妆刷等，这样能让粉底更加服帖，补妆时可选择气垫粉底，让皮肤显得细腻。可选择较自己肤色暗一点儿的粉底，或是与自己肤色相等的粉底，这样的妆容才会显得透明自然。

6. 遮瑕液

用小刷子或指腹将遮瑕液轻轻点涂在斑点及周围，还可以将遮瑕液涂在双眉之间到鼻子三分之一以及眼部下方，这样不仅可以遮盖黑眼圈，还可以起到提亮的作用。

7. 粉饼或散粉

用粉扑轻轻拍打在脸部，要均匀上粉，注意脸与脖子的交界处过渡自然，避免对比明显。

8. 画眉

首先对眉毛进行修剪，修剪成适合自己的形状，眉头淡，眉坡深，眉峰高，眉尾要清晰，再用眉粉或眉笔进行修饰。

9. 眼妆

眼影塑造眼睛的轮廓与个性，颜色要与服饰相配。从外眼角开始，外深内浅，眉的下方处要用亮色。眼线可以使眼睛显得更亮，用眼线液或眼线笔沿睫毛根部画上一条细细的眼线，职业妆不宜画得太粗。

10. 睫毛膏

先用睫毛夹做睫毛定型，使其更加上翘，再刷睫毛膏。刷时先快速横着涂，以增加睫毛的浓密度，然后顺着睫毛方向拉长。

11. 腮红

涂腮红，可用打圈式或横向式。把腮红扫在笑肌处，圆脸应斜向上扫，长形脸应呈圆形扫，再横向扫。

12. 口红

口红颜色应与整体妆容和服装相协调，商务场合慎用大红和深红色系。

在用餐之后、休息之后、出汗之后要及时补妆，以防影响妆容。补妆要注意回避他人，不要在公共场合和大庭广众之下补妆。

二、仪表的概念

仪表是指人的外表，它包括人的形体、容貌、姿态、举止、服饰、风度等方面，是人举止风度的外在体现（图2-4）。风度是指举止行为、接人待物时，一个人的德才学识等各方面的内在修养的外在表现。风度是构成仪表的核心要素。

三、仪表的原则

TPO原则概念是由日本"男用时装协会"在1963年提出来的，也是目前国际上公认的着装原则。TPO即time、place、occasion三个单词的首字母，意思是人们选择自己的服装和配饰时均应与时间、地点、场合相适应。

图2-4　优雅的仪表

（一）时间原则

着装的时间原则是指服装应该与穿着的时间相匹配。不同的时间选择不同的衣服，如上班时间应尽量穿职业装，应根据工作的性质和特点着装，以方便工作为目的；在参加正规的社交活动时，着装应该符合环境的需要，大方得体，精神干练；在家中休息或户外活动的时候，着装应该随意舒适。

着装还应该考虑到春、夏、秋、冬季节的更替，例如，在夏天一般穿着颜色较为鲜亮，以凉爽、轻柔为原则；而冬天衣服颜色较为深沉，注重保暖、轻便。另外，着装还应该考虑到自身所处的不同年龄阶段，一个人在不同的年龄阶段应该表现出不同的气质特色，也应该有不同的着装风格。

（二）地点原则

服装的穿着一定要符合当时的地点，不然，再美的服装也会显得不协调甚至滑稽。例如，去爬山旅游就不能穿礼服，去参加晚会或朋友间聚会就不要穿便装。华丽的服饰适用于正规的社交场所，但要自然、端庄、大方、高雅，不要显得轻佻俗气。

（三）场合原则

着装的场合原则是指服装应该与穿着的场合相匹配，着装应随着场合和环境的变化而发生变化，不同场合有不同的服饰要求，只有与特定场合的气氛相协调，才能产生和谐的审美效果。在喜庆的场合不能穿得太古板，在悲伤的场合不能穿得太花哨，在庄重的场合不能穿得太随便，在休闲的场合不能穿得太隆重。

例如，参加朋友的婚宴，不可穿得过于鲜艳夺目，因为越高档华丽的服装，越有"喧宾夺主"之嫌；在正规的社交场合，男士、女士都应该着正装，休闲装就显得随便无礼。

四、仪表的注意事项

（一）穿着要与年龄相协调

一个人在不同的年龄阶段有不同的气质，穿着上要符合年龄，与年龄相协调。不管青年人还是老年人，"爱美之心，人皆有之"，都有权利打扮自己，但是在打扮时要注意一些问题，不同年龄的人有不同的穿着要求。青年人应穿着鲜艳、活泼、随意一些，这样可以充分体现出青年人的朝气和蓬勃向上的青春之美；而中老年人的着装则要注意庄重、雅致、整洁，体现出成熟和稳重，透出那种青年人所没有的成熟美和端庄美。因此，无论你是青年、中年，还是老年，只要你的穿着与年龄相协调，着装符合这个年龄段的气质，那么都会使你显出独特的美来。

（二）穿着要和体型相协调

俗话说："人无完人。"人类真正的标准体型是不存在的。它仅仅是人们心目中的一种理想状态，是大多数人体数据的平均值。

由于每个人的高矮胖瘦不一，选择服装要因人而异。例如，体型较胖的人不宜穿浅色、带格的西服，最好穿单色、颜色较深的西服，且面料的选择应该避免薄、透、短、皱；身材矮小的人衣着要简洁明快，适合穿肩部较宽的上衣，显得较为丰满一些，并可使身材显高一些，简单、一色的服装能在视觉上增加人的高度；消瘦体型的人不宜穿深色的西服，深色的衣服显得人过于单薄，最好穿颜色浅或是带花格的西服，面料有条形应选择窄条面料；肤色较黑的人不宜穿浅色的西服，以免对比反差过于强烈，适宜穿颜色较深的西服；皮肤较粗糙的人不宜穿质地特别精细的衣服，否则会衬托出面部皮肤更加粗糙。

（三）穿着要和职业相协调

每个人所从事的职业不一样，对服装的要求也不一样，着装体现职业特点，穿着除了要和身材、体型协调外，还要与职业相协调。这一点非常重要，不同的职业有不同的穿着要求。例如，教师的穿着一般要庄重一些，不要打扮得过于妖艳，衣着款式也不要过于时尚，这样可以给人留下一个端庄高雅、为人师表的印象；学者的穿着要力求显得稳重和富有经验，一般不宜穿着过于时髦，给人以轻浮的感觉；青少年学生的穿着要朴实、大方、整洁，体现这个年龄段的青春动感，不要过于成人化。

（四）穿着要注意色彩的协调

服装色彩对于服装来说是相当重要的，它是服装感观的第一印象，具有极强的吸引力。人们经常根据配色的优劣来决定对服装的取舍，来评价穿着者的文化艺术修养。色彩对他人的刺激最快速、最强烈、最深刻，所以被称为"服装之第一可视物"。不是任何一组色彩都是美的，只有恰当的色彩组合才会符合礼仪规范，给人留下美感。所以，服装配色是衣着美的重要环节。服装色彩搭配得当，可以使人显得端庄优雅、风姿绰约；搭配不当，则使人显得不伦不类，俗不可耐。要巧妙地利用服装色彩的神奇魔力，就要掌握服装配色的基本原理，充分了解色彩的特性。

色彩是服装给人印象的关键所在，而且在很大程度上也是服装穿着成败的关键。以下介绍几种配色技巧。

1. 同种色相配

这是一种简单易行的配色方法，即把同一色相、明度接近的色彩搭配起来，如深红与浅红、深绿与浅绿、深灰与浅灰等。这样搭配的上装与下衣会产生一种和谐、自然的美感。例如，青配天蓝、咖啡配米色等同类色配合的服装显得柔和文雅。

2. 近似色相配

色谱上相近的色彩搭配起来可以产生调和的效果，如红与黄、橙与黄、蓝与绿等色的配合。这样搭配时，两个颜色的明度与纯度最好错开，例如用深一点的蓝和浅一点的绿相配或中橙和淡黄相配，就能显出调和中的变化。

3. 互补色配合

在不同色相中，红与绿、黄与紫、蓝与橙、白与黑都是对比色。这几组色彩，既有互相对立的一面，又有互相依存的一面，在吸引人的视觉感官的同时，产生出强烈的审美效果。因此，鲜艳的色彩对比，也能给人和谐的感觉，也能收到较好的效果。

例如，红色与绿色是强烈的对比色，搭配不当，就会显得过于刺目、生硬。若是在它们之间适当添一点白色、黑色或含灰的颜色，就能使对比逐渐过渡，而产生较好的视觉感受。红、绿双方都加以白色，变成浅红和浅绿，看起来就很顺眼了。

根据以上的配色规律，我们可以按自己的肤色、气质、个性、职业的特点来选择自己的服装配色，用最协调的色彩来装扮自己。

第二节 西装礼仪

一、西装的起源

现代西服形成于19世纪中叶的欧洲。关于西装的起源，有一种资料认为西装源于北欧南下的日耳曼民族服装，它以人体结构为依据来制作板型，以收省、打褶的形式塑身，形成分片、分体的服装裁剪和缝制方法，流行至今；也有资料认为，西装源于英国王室的传统服装，由上衣、背心和裤子组成。在结构上采用分割、收省、打褶等处理方式，造型合体、高雅，属于日常服装中的正统装束，穿着场合广泛。

自20世纪初，随着妇女社会地位的不断提高，她们参与社会活动的机会越来越多，女式西装应运而生，其搭配多为上衣下裤或上衣下裙，适应于正规的社交场合。女式西装受流行因素影响较大，但不变的是其合体、大方、能够突出女性体形曲线美的特点。

西装在中国的传播，有两种不同的说法：一种说法是国内服装界公认的1896年由奉化人江辅臣在上海开的"和昌号"西服店；另一种说法是由宁波人李来义于1879年在苏州创办的"李顺昌"西服店。

西装按穿着对象不同可分为男西装、女西装和童西装三类。按搭配件数不同又可分为三件套西装、两件套西装和单件西装三种。

在国际交往及其他一些公务场合，西装被认为是男士的正统服装。一套合体的西装可以使穿着者显得潇洒、精神、风度翩翩，是他教养、品位、地位的最真实的写照（图 2-5）。

人们常说："西装七分在做，三分在穿。"西装的韵味不是单靠西装本身穿出来的，而是用西装与其他衣饰一道搭配出来的（图 2-6）。怎样穿着西装才符合礼仪要求呢？

图 2-5　男士西装

图 2-6　西装的搭配

二、西装的穿法

穿西装时，上衣、背心与裤子的扣子都有一定的系法。通常，单排两粒扣式的西装上衣讲究"扣上不扣下"，就是只扣上面一粒，或全部不扣。单排三粒扣式的西装只扣上面两粒或中间一粒（图 2-7），不可全扣（图 2-8）。而双排扣西装上衣的扣子都必须全部扣上，以示庄重。

另外，西装背心也分单排扣和双排扣，根据着装惯例，单排扣的背心最下面一粒扣子应当不扣，但双排扣的背心全部扣子都要扣上。

西装的驳领上通常有一只扣眼，这叫驳眼（也叫插花眼）(图 2-9)，是参加婚礼、葬礼或出席盛大宴会、典礼时用来插鲜花用的。

西装上衣左边袖子上的袖口处，通常会缝有一块商标，有时那里同时还会缝有一块纯羊毛标志，在穿西服前，一定要将它们先行拆除（图 2-10）。现在有些商场在售卖西服时等客人付账后便会为顾客把商标拆除，但也有的人故意将商标露在外边以显示其西装的品牌和档次，这是十分不妥的（图 2-11）。

图 2-7 正确扣法　　　　　图 2-8 错误扣法

图 2-9 驳眼　　　图 2-10 袖口正确做法　　　图 2-11 袖口错误做法

三、西装的搭配

男士穿西装时还要注意西装与衬衫、领带、鞋袜以公文包与之的组合搭配。

（一）西装与衬衫的搭配

正装衬衫应以选用精纺的纯棉、纯毛面料为主（图 2-12）。以棉、毛为主要成分的混纺衬衫也可酌情选择。

正装衬衫必须是纯色。白色是首选（图 2-13）。除此之外，有时也可以考虑蓝色、灰色、棕色、黑色。但是，杂色衬衫，或者红色、粉色、紫色、绿色、黄色、橙色等穿起来有失庄重感的衬衫，则是不可取的。

图 2-12　男士衬衫

图 2-13　白色衬衫

正装衬衫大体上以无任何图案为佳。印花衬衫，格子衬衫，以及带有人物、动物、植物、文字、建筑物等图案的衬衫，均非正装衬衫，可在休闲场合穿着（图 2-14）。唯一的例外是，较细的竖条衬衫在一般性的商务活动中也可以穿着（图 2-15）。但是，必须禁止同时穿着竖条纹的西装。

图 2-14　休闲衬衫

图 2-15　条纹衬衫

正装衬衫的领型多为方领（图 2-16）、尖领（图 2-17）和小方领（图 2-18）。具体进行选择时，须兼顾本人的脸形、脖长以及将打的领带结的大小，千万不要使它们相互之间反差过大。扣领的衬衫，有时也可选用，适用于商务休闲场合。此外，立领、翼领和异色领的衬衫大都不适合同正装西装相配套（图 2-19）。

穿西装时，衬衫袖应该比西装袖长出 1~2 厘米（图 2-20）。衬衫领应高出西装 1 厘米左右（图 2-21）。衬衫下摆必须扎进西裤内（图 2-22）。若不系领带，衬衫的第一粒纽扣应不扣（图 2-23）。

正装衬衫以无胸袋者为佳（图 2-24），免得在口袋里乱放东西，破坏衬衣的板型。即便穿有胸袋的衬衫，也要尽量少往胸袋里塞东西。

图 2-16　方领

图 2-17　尖领

图 2-18　小方领

图 2-19　立领

图 2-20　衬衫袖口

图 2-21　衬衫领高度

图 2-22　衬衫下摆

图 2-23　不系领带

图 2-24　无胸袋衬衫

（二）西装与领带的搭配

最早的领带可以追溯到古罗马帝国时期。那时的战士胸前都系着领巾，是用来擦拭战刀的擦刀布，在战斗时把战刀往领巾上一拖，可以擦掉上面的血。因此，现代的领带大多用条纹型的花纹，起源在于此。

领带在英国经历了漫长而有趣的发展过程。英国原来是一个比较落后的国家，在中世纪，英国人以猪、牛、羊肉为主食，而且进食时不用刀叉或筷子，而是用手抓起一大块捧在嘴边啃。由于那时尚无刮胡子的工具，成年男子都蓄着乱蓬蓬的大胡子，吃肉时，弄脏了胡子就用衣袖去擦抹。妇女们经常要为男人洗这种沾满油垢的衣服，在不厌其烦之后，她们想出了一个对策，在男人的衣领下挂一块布，可随时用来擦嘴，同时在袖口上钉几块小石块，每当男人们按老习惯用衣袖擦嘴时，就会被石块划伤。日久天长，英国的男人们改掉了以往不文明的行为，而挂在衣领下的布和钉在袖口的小石块自然也就成为英国男式上衣的传统附属物。后来，就演化为受人欢迎的装饰品——系在脖子上的领带和钉在袖口的纽扣，并逐渐成为世界流行的式样。

领带是西装最重要的饰物，是西装的灵魂，领带的选择讲究甚多。

1．领带的款式

领带的款式往往受到时尚的左右。在这个问题上，商界人士主要应注意以下四点。

（1）领带有箭头（图2-25）与平头之分（图2-26）。一般认为，下端为箭头而且是大箭头的领带，显得比较传统、正规；下端为平头的领带，则显得时髦、随意一些。

图2-25　箭头领带

图2-26　平头领带

（2）领带有宽窄之别。根据常规，领带的宽窄最好与本人胸围和西装上衣的衣领成正比（图2-27），而不是随自己的喜好选择。

（3）简易式的领带，如"一拉得"领带、"一挂得"领带，过于休闲不规范，均不适合在正式的商务活动中使用。

（4）领结宜于同礼服、翼领衬衫搭配，并且主要适用社交场所（图2-28）。

图2-27 领带正确宽度

图2-28 领结

2. 领带的配套

有时，领带与装饰性手帕会被组合在一起成套销售。与领带配套使用的装饰性手帕，最好与其面料、色彩、图案完全相同。二者同时"亮相"，起到相互辉映的作用，大多见于社交活动之中（图2-29）。

3. 领带的位置

穿西装上衣与衬衫时，应将领带置于二者之间，并令其自然下垂。在西装上衣与衬衫之间加穿西装背心或羊毛衫、羊绒衫时，应将领带置于西装背心、羊毛衫、羊绒衫与衬衫之间。领带打好之后，大箭头应在腰带位置，最好是腰带的下沿，但也有一种说法相反，认为应该到腰带的上沿，总之不宜过长或过短（图2-30）。

图2-29 手帕搭配

图2-30 领带正确长度

4.领带结的打法

领带打得漂亮与否,关键在于领带结打得如何。打领带结的基本要求是挺括、端正,并且在外观上呈倒三角形(图2-31)。领带结的具体大小,最好与衬衫衣领的大小形成正比。要想使之稍有变化,则可在它的下面压出一处小窝或一道小沟来,此之谓"男人的酒窝"(图2-32),彰显这是一条高品质的领带,也是当今流行的领带结法之一。

图2-31 领带结

图2-32 "男人的酒窝"

打领带时,最忌讳领带结不端不正、松松垮垮。在正式场合露面时,务必要提前收紧领带结。千万不要为使自己爽快,而将其与衬衫的衣领"拉开距离"。

5.领带的配饰

领带配饰主要指领带夹(图2-33),通常别在领带打好后的"黄金分割点"上,即衬衫自上而下的第四粒至第五粒纽扣之间,并且要求穿上西装以后,从外面看不到领带夹(图2-34)。如果愿意,打领带时也可使用领带针或领带棒。在日常生活中,使用领带的配饰,数量上应以一件为限,千万不要同时使用多件,更不要滥用、乱用。

图2-33 领带夹

图2-34 领带夹错误做法

6.领带的打法

领带有五大结法:平结、双交叉结、交叉结、双环结及温莎结。

(1)平结。平结(图2-35)为最多男士选用的领结打法之一,几乎适用于各种材质的领带。要诀是领结下方所形成的凹洞需让两边均匀且对称。

图2-35 平结

(2)双交叉结。双交叉(图2-36)结很容易让人有种高雅且隆重的感觉,适合正式的活动场合。该领结应多运用在素色且丝质领带上,若搭配大翻领的衬衫不但适合且有种尊贵感。

图2-36 双交叉结

(3)交叉结。交叉结(图2-37)适合于单色素雅质料且较薄的领带,喜欢展现流行感的男士不妨多加使用交叉结打法。

图2-37 交叉结

(4)双环结。一条质地细致的领带再搭配上双环结(图2-38)颇能营造时尚感,适合年轻的上班族选用。该领结完成的特色是第一圈会稍露出于第二圈之外,千万别刻意盖住了。

图 2-38 双环结

（5）温莎结。温莎结（图 2-39）适合用于宽领型的衬衫，该领结应多往横向发展。应避免材质过厚的领带，领结也勿打得过大。

图 2-39 温莎结

（三）西装与鞋的搭配

鞋袜在正式场合也被视为"足部的正装"。不遵守相关的礼仪规范，必定会令自己"足下无光"。

西装配套的鞋子只能选择皮鞋。布鞋、球鞋、旅游鞋、凉鞋或拖鞋，显然都是与西装不协调的。按照惯例，深色西装搭配黑色皮鞋，男士在商务场合首选黑色皮鞋（图 2-40）。

男士们在穿皮鞋时要注意保持鞋内无味、鞋面无尘、鞋底无泥、鞋垫相宜、尺码恰当等事宜。正式场合下，西装应搭配系鞋带的皮鞋（图 2-41）。

图 2-40 黑色皮鞋

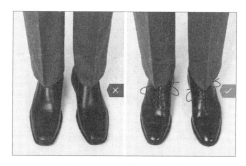

图 2-41 正式场合皮鞋

（四）西装与袜子的搭配

袜子除了保暖作用，也是腿部和脚部颜色的过渡。穿西装、皮鞋时所穿的袜子，最好是纯棉、纯毛制品。有些质量好的以棉、毛为主要成分的混纺袜子，也可以选用。不过，最好别选择尼龙袜、丝袜。袜子以深色、单色为宜，并且最好是黑色的（图2-42）。若西裤的颜色与皮鞋的颜色不一样时，袜子的颜色应与裤子的颜色一样。着深色西装和黑皮鞋不能穿白袜子（图2-43）。

正式场合中，袜子的长度要到小腿肚以上位置，避免坐下时露出皮肤（图2-44）。

图2-42　袜子正确颜色　　　图2-43　袜子错误颜色　　　图2-44　正式场合袜子

（五）西装与公文包的搭配

公文包被称为商界男士的"移动式办公桌"，是其外出之际须臾不可离身之物。

公文包的面料以真皮为宜，并以牛皮、羊皮制品为最佳，色彩以深色、单色为好。在常规情况下，黑色、棕色的公文包是最正统的选择。最标准的公文包是手提式的长方形公文包（图2-45）。箱式、夹式、挎式、背式等其他类型的皮包，均不可充当公文包之用（图2-46）。

图2-45　公文包　　　　　　　图2-46　休闲用包

使用公文包时要注意：一是包不宜多，以一只为限；二是包不宜张扬，使用前须先行拆去所附的真皮标志；三是包不可乱装，放在包里的物品，一定要有条不紊地摆放整齐，绝不能使其"过度膨胀"；四是包不能乱放。

最后要强调的是，西装就像跑车一样，讲究线条的流畅之美，在西装的口袋里尽量不放物品，以保持西装的线条和板型；男士西装左侧的上口袋原则上不放任何东西，只是在出席社交场合时搭配绢花（图2-47）。如果有需要，不破坏板型的物品放于西装内侧口袋（图2-48）。

图2-47　口袋错误用法　　　　　　　图2-48　口袋正确用法

第三节　女士职业装

女性的职业服装比男性服装更具多样性，每个女性都要树立一种最能体现自己个性和品位的风格。

一、职业女性套裙

西服套裙是女性的标准职业着装，它可塑造出强有力的形象。

（一）面料

职业装的关键是面料。面料上要求质地上乘、纯天然。上衣、裙子和背心等必须是用同种面料。要用不起皱、不起毛、不起球的匀称平整、柔软丰厚、悬垂挺括、手感较好的面料（图2-49）。

（二）颜色

在选择西服套裙时，应尽量避免选择过于艳丽的颜色，一般以黑色、蓝色、纯白色、藏青色、米色、灰色等颜色为首选。

图2-49　女士职业装

（三）衬衫

衬衫的颜色可以是多种多样的，正装款式比较单一，只要与套装相匹配就可以了。白色衬衣与大多数套装都能搭配。色彩专家说："女人的衣橱里必须有一件白衬衣。"

（四）造型

套裙在整体造型上的变化，主要表现在它的长短与宽窄两个方面，其中以长短最为重要。

职业女装的套裙曾被要求上衣不宜过长，下裙不宜过短。通常套裙之中的上衣最短可以齐腰，而裙子最长则可以达到小腿的中部，最短到膝盖2厘米以上（图2-50）。

（五）丝巾

丝巾能起到提亮女士套裙的作用。选择丝巾时，要注意丝巾的颜色中最好能够包含套裙的颜色（图2-51）。

（六）袜子

女士穿裙子应当配长筒丝袜或连裤袜，颜色以肉色为最佳。穿着时，袜口不能低于裙摆，而且也不能在公众场合整理自己的长筒袜。为避免丝袜拉丝或跳丝，应随身携带一双备用的丝袜。

（七）鞋

正式的场合要穿高跟皮鞋，不要穿凉鞋、露脚趾或露脚后跟的鞋。高跟鞋的鞋跟高度以3~4厘米为主（图2-52）。鞋的颜色应与衣服下摆一致或稍深一些。如果鞋是另一种颜色，人们的目光就会被吸引到脚上。

图2-50　套裙长度

图2-51　丝巾搭配

图2-52　鞋跟高度

二、职业女性着装禁忌

（一）忌过分时髦

穿着职业服装不仅是对服务对象的尊重，同时也使着装者有一种职业的自豪感、责任感，是敬业、乐业在服饰上的具体表现。规范穿着职业服装的要求是整齐、清洁、挺括、大方，不宜太追求时髦。

（二）忌过分性感

许多职业女性不够注重自己的身份，穿着颇为性感的服装，在社交场合反而弄巧成拙，给人随意轻浮的印象。

（三）忌过分保守

虽然职场着装最好以黑、白、灰、蓝、咖啡色为主，相对于休闲装来说，职业装往往色调单一，样式循规蹈矩。但是，只要在细节点缀处善于发现，使平淡的着装平添一种青春亮丽的亲和感，重视与服装相呼应的胸花或胸针的魅力，优雅的味道便呼之欲出。

（四）忌过分可爱

可爱俏丽的款式会给人不可信、不稳重的感觉，故在职场中也应该避免穿着。

（五）忌配饰乱用

配饰在整个服装的搭配中能起到画龙点睛的作用，但是如果这个"睛"点得不好，反而会起到反作用。因此，配饰使用应尽量简单些。

第四节　配饰礼仪

服装配饰，从表面上理解，是指除主体时装（上衣、裤子、裙子、鞋）之外，为烘托出更好的表现效果而增加的配饰，其材质多样，种类繁杂。服装配饰逐渐地演变成为服装表现形式的一种延伸，已成为体现美的不可或缺的一部分。

一、配饰的佩戴原则

（一）符合身份

在商务交往中佩戴饰品时，要与自己的身份、性别、年龄和职业特征相协调，讲究"三不戴"。首先，有碍于工作的配饰不戴，如果某些首饰会妨碍自己的正常工作则不戴。其次，炫耀个人和家庭财力的配饰不戴，在工作场合佩戴过于名贵的首饰，难免给人招摇的感觉。最后，突出个人性别魅力的首饰不戴，胸针、耳坠等往往会突出佩戴者的特征，从而引起异性的过分注意，在商务场合最好不要佩戴。

（二）以少为佳

佩戴饰品应起到画龙点睛、锦上添花的作用，而不是刻意堆砌，画蛇添足。配饰数量以少为佳，若同时佩戴多种饰品，其上限一般为三，即不应当在总量上超过三种。

（三）同质同色

配饰在材质上应争取同质。同时佩戴两件或两件以上的饰品，也应力求色彩和谐一致。佩戴镶嵌饰品时，应使其与主色调保持一致。

（四）遵守习俗

不同地区、不同民族佩戴饰品的习俗做法多有不同，商务人员应做到了解和尊重。同时，服饰习俗在社会经济稳定时期往往具有较强的稳定性，甚至世代相传，鲜有改变。但在社会发展变革时期会随之发生变化，出现一些新的搭配和佩戴方式，甚至流行开来，从而形成新的佩戴习俗。

二、常见饰物的佩戴

（一）手表

手表是佩戴在手腕上用以计时的工具，在商务场合佩戴手表，通常意味着作风严谨，时间观念较强。在社交场合，手表往往被视同首饰，对于平时只有戒指一种首饰可戴的男士来说，更是备受重视。有人甚至强调说："手表不仅是男人的首饰，而且是男人最重要的首饰。"商务人员佩戴的手表，在色彩上应避免杂乱，颜色要低调稳重。手表上除数字、品牌和厂名外，不宜出现其他图案。

（二）项链

佩戴项链应和自己的年龄、体型和服装相协调，如脖子细长的女士佩戴丝形链，更显玲珑娇美，脸圆且颈部短的女士，宜佩戴细长有坠的项链，能更好地衬托脸部和颈部的轮廓。佩戴项链也应和服装相呼应。例如，身着柔软、飘逸的丝质衫裙时，宜佩戴精致、细巧的项链，显得妩媚动人；穿单色或素色服装时，宜佩戴色泽鲜明的项链。这样，在首饰的点缀下，服装色彩可显得丰富、活跃。

（三）耳饰

耳饰是历史最为久远的饰物之一，从古至今无论款式、样式如何演变，依然是女性装饰时必不可少的点缀饰品，耳饰的选择要看是否符合个人气质、脸型，这是最重要的。对于圆脸的女性来说，为了在视觉上达到纵向拉伸的错觉，那么就需要选戴叶型、"之"字形、水滴型等修长的款型；对于方脸型的女性来说，在选戴耳环时，建议倾向于流线、弯曲、圆润的耳环，这样可以在视觉上与方脸产生对比，并弱化方脸的视觉效果；对于椭圆脸型的女性，在选戴耳饰时，在款型上的选择余地更多。商务人员在选择耳饰时，要注意与自己的身份和职业特征相协调，重在干练精简。

（四）戒指

戒指的佩戴一般暗示着佩戴者的婚姻或择偶状态。按西方的传统习惯来说，左手显示的是上帝赐给你的运气，因此，在西方国家，无论男女，结婚戒指通常戴在左手上，而且只戴一枚戒指即可。佩戴的国际惯例如下。

（1）戒指戴在拇指：象征自信与权势，但商务场合不宜戴在拇指。
（2）戒指戴在食指：表示单身与自由。
（3）戒指戴在中指：表示已订婚或热恋中。
（4）戒指戴在无名指：象征已婚状态。
（5）戒指戴在小指：表示单身、离异或不婚主义。

戒指应与自己的手形相配。例如，手指粗短，可以选宽戒臂或有镶嵌的款式，如橄榄形、梨形或椭圆形，这样会使手指看起来较为修长；手指细长，可以选择戒臂细、线条感强的款式会更和谐。

（五）胸针

胸针又称胸花，是指佩戴在上衣胸前或衣领的一种饰物。胸针正常的佩戴位置是在左胸上缘的部位，因为胸针大小和所穿服饰的不同，位置或许会有细微的差别，例如连衣裙或者礼服裙佩戴胸针的时候，要根据服饰的细节设计，选择合适的佩戴位置。

胸针不要和大型的项链、手链、耳饰等同时佩戴，会显得繁杂，也不能突出胸针的作用。胸针的选择要与体型相协调，娇小、纤瘦的女士建议选小型的胸针，体型高大的女士则可以选轮廓大的胸针。胸针和衣服的颜色要有对比，才会更醒目，有画龙点睛的效果。

佩戴胸针还要与场合相协调，商务场合如果已经佩戴了身份牌或本单位徽章，则不宜同时佩戴胸针。在很多正式场合，胸针也是个人观点和思想的表达，很多政要人士会用胸针传递信息或政见，正所谓：胸针沉默不语，却胜于滔滔雄辩。

（六）丝巾或围巾

丝巾、围巾是女士的钟爱。挑选丝巾、围巾的重点是丝巾的颜色、图案、质地和垂坠感。可以用丝巾、围巾调节脸部气息，如红色可映得面颊红润；或是突出整体打扮，如衣深巾浅、衣冷巾暖、衣素巾艳。但佩戴丝巾、围巾时要注意：如果脸色偏黄，不宜选用深红、绿、蓝、黄色丝巾；脸色偏黑，不宜选用白色、有鲜艳大红图案的丝巾。

围巾一般在春、冬季节使用的比较多，它的搭配要和衣服、季节协调。厚重的衣服可以搭配轻柔的围巾，但轻柔的衣服不适合搭配厚重的围巾。围巾和大衣一样，一般都适合室外或部分公共场所穿着，室内就要及时摘掉，不然会让人感到不协调。

本章小结

一个人的形象绝不仅仅是单纯指他的长相、外貌，而是由他的修养以及为人、处世、谈吐等诸多方面来综合体现的。美好的外在形象有助于形成良好的第一印象，产生积极的连锁反应，能够在人际交往中起到良性作用。

本章思考题

1. 服饰礼仪的原则是什么？
2. 服饰的搭配有何技巧？谈谈你对所学专业从业人员穿着标准的理解。
3. 学生的仪容应该符合什么样的标准？
4. 列举身边西装穿着搭配错误的例子，谈谈你的看法。
5. 如果有足够的资金，你会为自己选择一款什么样式的职业装？

实战训练

1. 分小组讨论，检查每一个人的仪容仪表，分别有哪些不符合形象礼仪的方面，并有针对性地进行改正。
2. 评选班级的形象大使。

课外知识

常见西装款式如表 2-1 所示。

表 2-1　西装款式及特点

款式	特　　点
欧式	领型狭长，胸部收紧突出，袖拢与垫肩较高，造型优雅
英式	与欧式相仿，但垫肩较薄，后背开衩，绅士味道很足
美式	领型较宽大，垫肩较适中，胸部不过分收紧，两侧开衩，风格自然
日式	外观略呈 H 形，领型较窄、较短，垫肩不高，多不开衩，为单排两粒扣

袖　　扣

袖扣相传起源于古希腊，是 14—17 世纪，也就是歌德文艺复兴时期到巴洛克时期，在欧洲广为流行的男士装扮艺术之一。对于讲求品位的男人而言，也许除了戒指之外，袖扣就是面积最小的装饰了。因为其材质多选用贵重金属，有的还要镶嵌钻石、宝石等，所以从诞生起就被戴上了贵族的光环。袖扣也因此成为人们衡量男人品位的单品，而挑选、搭配、使用统统都是男人的一门学问（图 2-53）。

袖扣是用在专门的袖扣衬衫上，代替袖口的扣子部分。它比普通的扣子大不了多少，却因为精美的材质和造型，起到锦上添花的作用，让男人原本单调的礼服和西装风景无限，同时，袖扣的佩戴又有专门的方法，不同于普通的衬衣扣子（图 2-54）。

图 2-53　袖扣

图 2-54　袖扣的戴法

胸　　针

胸针是女性饰品的重要组成部分，不仅可以装点服饰品位，也可以表达自己的情绪主张，是优雅与自信的象征。如何正确佩戴一枚合乎礼仪的胸针，有以下两种常见的佩戴方法。

（1）左侧胸前经典戴法（图2-55和图2-56）。商务场合的标准戴法是佩戴在左上胸，肩线下15~20厘米处是最日常的位置，和剪裁得体的职业装搭配相得益彰，作为点睛之笔，十分适合职场的成熟女性。

（2）靠近肩部佩戴。穿着具有质感的素色衣物时，肩线下10厘米左右处佩戴，视线上移，增加华丽感。尤其是一些体量较大、造型夸张的胸针，增加了搭配的氛围感和仪式感。

图2-55　胸针1　　　　　　　　　图2-56　胸针2

作为独特的装饰表达，胸针不仅是审美品位的外在体现，也是显示身份的社交语言。面对不同的场合需求，可以用多样化的胸针佩戴方式修饰美丽，传递信息，展现气质与涵养。

第三章
商务仪态礼仪

仪态礼仪微课

学习目标

1. 了解仪态的定义以及在社会交往中的作用。
2. 掌握站姿、坐姿、走姿的正确方法。
3. 掌握手势在社会交往中的意义以及手势忌讳。
4. 熟练运用蹲姿。

技能要求

1. 掌握不同场合的仪态要求以及仪态的训练方法。
2. 针对自己制订翔实可行的仪态训练计划,培养个人的优雅仪态,做一个举止文明优雅的人。

> **案例导入**

《世说新语》记载,曹操个子较矮,其貌不扬;大臣崔琰则"眉目疏手;须长四尺,甚有威重"。一次匈奴来使,应由曹操接见,可是曹操怕使者见自己矮而看不起,于是请崔琰冒充自己,曹操则扮成卫士,持刀站在崔琰的旁边观察使者。接见后,曹操派人去探听使者的反应,使者说:"魏王雅望非常,然床头提刀者,此乃英雄也。"意思是说魏王果然一表人才,不过旁边拿刀的那个人是个英雄。

的确,在政治军事方面,曹操消灭了众多割据势力,统一了中国北方大部分区域,奠定了曹魏立国的基础;在文学方面,在曹操父子的推动下形成了以"三曹"(曹操、曹丕、曹植)为代表的建安文学,史称"建安风骨"。曹操具有高度的政治、军事和文化素养,养成了封建时代的政治家特有的气质,因此他的风度并不因为身材矮小而受到影响,也不因他扮成地位低下的卫士而被掩盖。

著名心理学家弗洛伊德说过:"即使你不说话,你的眼睛也会多嘴多舌。"是的,气质风度、感觉想法、情绪状态时时刻刻在通过肢体语言透露出来,这是很难掩饰的。由于个人举止不当,在社交过程中令人避而远之者大有人在;由于个人行为不雅,在工作过程中得不到重用者不计其数。

第一节 表情和手势

人类行为专家曾经给出这样一个公式:感情的表达=7%的言语+38%的声音+55%的表情。可见,在与人交往的过程中,仪态在很大程度上决定着个人在社会中所处的地位和所扮演的角色。

一、表情

人的表情就是指人通过姿势、态度等表达感情、情意,是人的喜、怒、哀、乐、忧、思、恐等情绪在脸上的表现。表情是人的"精神外表",任何人都难以忍受一个面无表情的交流对象,表情对交际的成败影响很大。

人类经常伴随表情传递喜欢、轻视、猜忌等信息。例如:嘴角上扬伴有微笑,是表示开心的信号;眉毛紧锁同时嘴角向下撇,则是表示生气和敌意的信号。

经验告诉我们,对别人的第一印象大半是根据他们的眼睛所传递的信息获得的,从现在开始,让你的表情帮助你在交际中无往而不胜吧!

（一）目光

俗话说："眼睛是心灵的窗户。"眼睛里所透露的信息超乎人们的想象，所以说眼睛里的语言是无声的世界语，不分国家、民族，人人都能读懂，而且标准统一。正确地运用目光，可以塑造专业形象。根据交流对象与你的关系的亲疏、距离的远近来选择目光停留或注视的区域。信息的交流以目光的交流为起点，并伴随交流过程的始终，它的作用在某种程度上比有声语言更具有感染力和表现力。如见到久别的朋友时，睁大眼睛所传达出的喜悦和热情往往胜过语言；发言前用目光扫视全场，表示"请保持安静，我要讲话了"。

1. 目光语言

人际交往中，始终保持目光接触是表示对话题很感兴趣。反之，目光闪烁不定或东张西望则表示不感兴趣或不尊重对方的意见，谈话就很难进行下去。一个人的目光应该是坦诚、友善、自信、真诚的，而不是躲闪、游移、怯懦、恐惧的。

一般来说，谈话时注视对方的时间往往占谈话总时间的 1/3~2/3；持续注视对方的时间应控制在 3 秒左右，因为长时间的注视会让对方感到紧张和压力。

微笑和点头是目光接触的辅助动作，伴随目光接触的始终。可借此告诉对方你在注意聆听他的话，或十分赞同他的观点。当然，在你讲话时，对方如果东张西望、左顾右盼、心不在焉，则说明他对你的话题不感兴趣。因此，讲话者要注意与听众保持目光接触，通过对方的目光反应以判断交流的效果和自己话题的受重视程度。

2. 目光技巧

同样是在目光交流的情况下，有些人的目光会让人感到亲切温暖，有些人的目光会让人感到冷如寒冬；有些人的目光会让人获得自信，而有些人的目光会让人倍感不安。这是为什么呢？其实，这些现象不仅与一个人的态度有关，也与他的表情技巧，如视线高度、视线区域有着密不可分的关系。

（1）公务活动中的视线（图 3-1）

公务活动中，视线应停留在对方脸部以双眼为底线，上顶角到前额的三角形区域。这种视线会让对方感到真诚信任，交谈过程中主动使用这种视线的人，能牢牢掌握谈话的主动权和控制权，给对方一种自信的感觉，比较适用于谈判、磋商、洽谈等场合。

（2）社交活动中的视线（图 3-2）

社交场合中，视线应停留在对方脸部以双眼为上底线，嘴为下顶角的倒三角形区域。这种视线配以微笑，显得亲切温和，能营造出一种和谐融洽的氛围，让对方感到舒服、友善、真诚，比较适用于茶话会、联谊会、座谈会、新朋友见面等场合。

（3）亲密视线（图3-3）

视线位置在双眼到胸部之间。这种视线柔和热烈、关切亲近，适用于恋人、家人、挚友之间。

图3-1 公务视线

图3-2 社交视线

图3-3 亲密视线

（二）微笑

微笑因幸福而发，幸福伴喜悦而生，即"情动于中而形于外"。"伸手不打笑脸人"说的是微笑的妙处；"笑脸盈盈"说的是微笑的美丽；"亲切温暖"说的是微笑的魅力……微笑的好处数不胜数。只要你时时超越不良情绪的困扰，就能保持轻松愉快的心境，你的面孔也会因此涌起幸福的微笑，并感染他人。

人际交往是一个互动的过程，你对对方致以微笑，对方也会对你微笑。微笑可以拉近人与人之间的距离，当你微笑时，别人喜欢你，同时微笑也能让自己感到快乐。

图3-4 合口笑

微笑是一种令人感觉愉快的面部表情，它可以缩短人与人之间的心理距离，为深入沟通与交往创造温馨和谐的氛围，在社交场合，谁都喜欢遇到一张张热情、真诚的笑脸。它是人际交往中最美丽的语言，是社交礼仪中闪亮的风景。积极的人生观是微笑的基础，乐观的人更容易发出会心的微笑，而会心的微笑才是最美的表情。同时也要注意有意识地练习微笑，笑容才能自然。微笑分为合口笑（图3-4）和开口笑（图3-5），区别在于是否露出牙齿。标准的开口笑是微笑时露出 6~8 颗牙齿（图 3-6）。无论何时何地，都要把最迷人的微笑送给别人，树立你的最佳形象。

图 3-5　开口笑

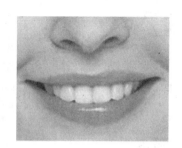

图 3-6　开口笑露出牙齿

二、手势

如果说眼睛是心灵的窗户，那么，手势则是显示人的态度和性格的屏幕。手势是人的体态语中最重要的传播媒介，招手、挥手、握手、摆手等都表示着不同的意义，人在紧张、兴奋、焦急时，手都会有意无意地表现着。所以，我们应恰当地通过各种手势，准确表达自己的内心情感，判断他人的态度，建立良好的人际关系。

（一）基本手势

一般认为，掌心向上的手势表示诚恳、尊重（图 3-7）；攥紧拳头暗示着进攻、防卫或激励（图 3-8）；竖起右手拇指表示夸奖和赞赏（图 3-9）；双手

图 3-7　掌心向上

图 3-8　攥紧拳头

垂放意味着恭敬（图3-10）；倒背着双手用以显示权威和高傲（图3-11）。

图3-9　竖起大拇指　　　图3-10　双手垂放　　　图3-11　双手倒背

（二）手势禁忌

（1）与人谈话，手势不宜过多，动作不宜过大，而且手势要标准（图3-12）。

（2）鼓掌要热烈，右掌心向下，有节奏地拍击左掌（图3-13）。但不要忘形，一旦忘形，鼓掌的意义就发生了质的变化而成喝倒彩、鼓倒掌，有起哄之嫌，这样是失礼的。注意鼓掌尽量不要用语言配合，那是无修养的表现。

图3-12　错误的手势　　　　　　图3-13　鼓掌

（3）谈到自己时，不要用拇指指向自己（图3-14），而是用手掌轻放于自己的胸口（图3-15）。

图3-14　指自己的错误动作　　　　　图3-15　指自己的正确动作

（4）无论任何场合都不要使用食指指人（图3-16），而应该用手位指示（图3-17）。

图3-16　指人的错误动作　　　　　图3-17　指人的正确动作

（5）与人交谈时，不能当着对方的面搔头皮、挖耳朵、抠鼻孔、剔牙齿等，女士不能当面化妆（图3-18）。

（6）不可单手递送物品（图3-19），应当使用双手（图3-20）。双手持物从胸前递出，使物体正面对着接物的一方，送剪刀、笔之类尖利的物品时，将尖端朝向自己或侧面（图 3-21），而不可对着对方（图 3-22）。

图 3-18　交谈时的不雅行为

图 3-19　递送物品错误动作

图 3-20　递送物品正确动作

图 3-21　递送尖利物品正确动作

图 3-22　递送尖利物品错误动作

（7）同样的一种手势在不同国家、地区有不同的含义，要了解不同国家和地区不同的礼仪风俗和忌讳。

由此可见，手势是体态语中最重要的传播媒介。我们不必每一句话都配上手势，因为手势做得太多，就会使人觉得不自然。可是在重要的地方，配上适当的手势，就会带给对方留下温文尔雅、彬彬有礼的印象。

第二节 仪态举止

仪态是指一个人的姿态，泛指人的身体所呈现出来的样子。仪态往往可以表现出一个人的风度与气质，我们甚至可以从人的仪态传达的信息探知人的内心秘密，从而判断出对方的身份、品格、学识、能力和其他方面的修养等。

一、站姿

良好的站姿能塑造良好的气质与风度。标准的站姿，从正面观看，全身笔直，精神饱满，两眼正视，两肩平齐，两臂自然下垂，两脚跟并拢，两脚尖张开60°，身体重心落于两腿正中（图3-23）；从侧面看，两眼平视，下颌微收，挺胸收腹，腰背挺直，中指贴裤缝，整个身体庄重挺拔（图3-24）。归纳起来是：头正、肩平、臂垂、躯挺、腿并。

图3-23 标准站姿

图3-24 上半身侧面站姿

（一）站姿要领

俗话说"站如松"，就是说人的站立姿势要像青松一般端直挺拔才会美丽。站立时，整个人要收腹、立腰、提臀。站立时不要过于随便，不要驼背、塌腰、耸肩、两眼左右斜视、双腿弯曲或不停颤抖以免影响站姿的美观。

垂手式是最基本的站姿。它要求上半身挺胸、立腰、收腹、精神饱满，双肩平齐、舒展，双臂自然下垂，双手放在身体两侧，头正，两眼平视，嘴微闭，下颌微收，面带笑容；下半身双腿应靠拢（图3-25），两腿关节与髋关节展直，双脚呈V字形（图3-26），身体重心落在两脚中间。一般用于较为正式的场合。

图3-25 下半身侧面站姿　　　　图3-26 脚尖分开

除了最基本的站姿，还有其他站姿。

女士四指并拢，拇指交叉右手搭在左手上，放与腹前，两脚站成"丁"字形，腹略收（图3-27）。

男士两脚分开，与肩同宽或略窄于肩，两手背后相握，手臂背后内收（图3-28）。

 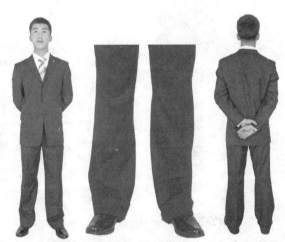

图3-27 女士站姿　　　　图3-28 男士站姿

站累时，一只脚可后撤半步，但上体仍必须保持垂直，身体重心在两腿正中。无论男士还是女士，站立时都要做到自然并保持面带笑容。

（二）不良站姿

（1）手位不当：双手叉在腰间，或抱在胸前，手插在裤袋里（图3-29）。

（2）身躯歪斜：头偏，一肩高一肩低，腿弯，驼背（图3-30）。

（3）乱动：眼睛不断左右斜视，或双臂胡乱摆动，或双腿不停地抖动。

（4）女士膝盖分开，是不雅的行为（图3-31），男士可以分开，但要略窄于肩。

图3-29　错误手位　　图3-30　身体歪斜　　图3-31　女士不雅动作

二、坐姿

坐姿是指人在就座后身体所保持的一种姿势。要依据所处的社交场合、着装以及椅子的高低采用不同的坐姿。坐姿如果不正确，除了看起来没精神外，也容易腰酸背痛，甚至影响脊椎、压迫神经。正确坐姿，除了遵循摆放双腿的原则外，还应时时保持上半身挺直的姿势，也就是颈、胸、腰都要保持平直（图3-32）。

（一）坐姿要领

与他人一起入座时，要请对方先入座（图3-33）。入座前整理服装，动作要轻而缓,走到座位面前转身,背对椅子(图3-34),先撤右腿,感觉到椅子的位置(图3-35),轻稳地坐下。女士若着裙装,应在入座过程中整理裙装(图3-36)。坐下后(图3-37),右腿靠拢(图3-38),上身保持挺直,头部端正,目光平视前方。坐稳后,身体一般只占座位的2/3左右。女士的双手放在腿卜,双膝并拢,不能分开。一般情况下,不要靠背,休息时可轻靠椅背(图3-39)。

图3-32 女士正确坐姿

图3-33 请对方入座

图3-34 准备入座

图3-35 撤右腿

图3-36 整理裙装1

图3-37 入座

离座时，用语言和动作向周围的人先示意，方可站起。地位不同时，应尊者先行，地位相同时，可以同时离座。离座时，右脚向后收半步（图 3-40），然后轻缓起立（图 3-41），起身过程中注意整理裙装（图 3-42），右脚靠拢站稳后再离开（图 3-43）。

图 3-38　右腿靠拢

图 3-39　侧面坐姿

图 3-40　准备起立

图 3-41　轻缓起立

图 3-42　整理裙装 2

图 3-43　右脚靠拢

（二）常用坐姿

1. 标准式

上身挺直，头部端正，双脚的脚跟、膝盖直至大腿都要并拢在一起，小腿垂直地面呈90°，双手叠放于左（右）大腿上。男士双膝可略分开，但不应宽于双肩（图3-44）。

2. 前伸式

在标准坐姿的基础上，两小腿向前伸出一脚的距离，脚尖不要跷起，整个脚掌平放地上（图3-45）。

图3-44　标准坐姿　　　　　　　　　　图3-45　前伸式坐姿

3. 交叉式

在前伸式坐姿的基础上，双腿并拢，左脚后缩，与右脚交叉，两踝关节重叠，两脚尖着地（图3-46）。

4. 重叠式

重叠式也叫架腿式，在标准坐姿的基础上，两腿向前，一条腿提起，腿窝落在另一条腿的膝关节上边，上边的腿向里收，贴住另一条腿，脚尖向下（图3-47）。

5. 侧点式

两小腿向左斜出，两膝并拢，右脚跟靠拢左脚内侧，右脚掌着地，左脚尖着地（图3-48）。

图 3-46 交叉式坐姿　　　　图 3-47 重叠式坐姿　　　　图 3-48 侧点式坐姿

(三) 不良坐姿

(1) 不可将脚底对人，在某些宗教中，这是对人的侮辱。

(2) 正规场合不可跷二郎腿 (图 3-49)，应该双脚平放地面 (图 3-50)，非正规场合跷二郎腿不可将脚尖对着别人 (图 3-51)，应该将脚尖下压或朝向别的方向 (图 3-52)。

图 3-49 正规场合坐姿错误动作　　　　图 3-50 正规场合坐姿正确动作

(3) 坐下时身体不能靠到椅背上，显示出一种松懈的状态 (图 3-53)。

(4) 女士膝盖不能分开，因为这是一种没有教养的行为。

(5) 坐着与人交谈久了不可松懈地弯腰驼背，显得不够精神。

图3-51 非正规场合错误坐姿

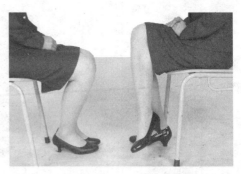
图3-52 非正规场合正确坐姿

图3-53 坐姿错误动作

三、走姿

走姿是一个人在行走之时所采取的姿势。它以端正的站姿为基础，是站姿的延续动作，它自始至终都处于动态之中，体现的是人类的运动之美和精神风貌。从一个人的走姿就可以了解其精神状态、基本素质和生活节奏（图3-54）。

（一）走姿要领

走姿的基本要求是从容、平稳。保持优雅地走姿有四句口诀："以胸领动肩轴摆，提髋提膝小步迈，跟落掌接趾推送，双眼平视背放松。"具体要求如下：

图3-54 走姿

1. 头端

双目平视,下颌微收,表情平和(图3-55)。

2. 躯挺

上身挺直,挺胸、收腹、立腰,重心稍前倾(图3-56)。

3. 肩稳

双肩微向后展,行走时两肩不要前后晃动,避免一肩高一肩低;双肩亦不要过于僵硬。

4. 手臂摆动自然

手臂伸直放松,手指微弯,双臂以身为轴,前后摆动幅度在30°~35°(图3-57)。

图3-55 头部端正

图3-56 上身立直

图3-57 手臂摆动自然

5. 膝盖直

前足着地和后足离地时,膝部不能弯曲。

6. 步位正

脚尖正对前方,两脚内侧落在一条直线上(图3-58)。

7. 步幅适当

前脚跟与后脚尖相距为一脚长,但因性别不同和身高不同会有一定的差距。另外,步幅还与着装有很大关系,着正装时的步幅可以小一点(图3-59)。

图3-58 步位正前

图3-59 步幅适当

8.步速均匀

正常情况下，步速应自然舒缓，这样显得成熟、自信。

（二）不良走姿

在日常生活中应避免的走姿是：走路时身体左右晃动，两只脚尖呈内八字或外八字，这都给人一种不雅观的感觉；要克服前倾性走姿，不要头部先前伸出去，而腰和臀部后跟上来；此外，边走边吸烟、吃零食、吹口哨、整理衣服、双手插在裤兜中、背着手左顾右盼等都是不良走姿。多人同行时，不能横排并走，更不能勾肩搭背（图3-60）。

图3-60 横排并走错误

（三）不同走姿中的注意事项

1.陪同引导

（1）陪同人员应走在被陪同人的左前方的两、三步处；在行走过程中有必要采取一些特殊的体态，如在行进中与对方交谈或答复其提问时，应将头部和上身转向对方，目视对方（图3-61）。

（2）与客人步伐保持一致，间或回望客人，确认被陪同人已跟上。拐弯或有楼梯台阶的地方应使用手势，并提醒被陪同人"这边请""有台阶，请走好"等（图3-62）。

图 3-61　陪同引导　　　　　　图 3-62　方位指示

2. 上下楼梯

在上下楼梯时，要坚持"右上右下"的原则，便于形成良好的秩序。上楼时尊者在前，下楼时尊者在后，但是，如尊者是一位着短裙的女士，则上楼时不应让该女士走在前，以免出现"走光"的问题。

3. 变向行走

（1）后退

离开别人房间时，不应转身就走。正确方法是：面向对方，小步幅后退两三步，然后先转身再转头（图3-63）。若扭头便走是失礼的（图3-64）。

（2）侧行

当在较窄的位置与人相遇时，要用侧行步。一般是侧身行进，即髋部、肩部朝着行进方向，另需注意应面向对方，而不可背对着对方（图3-65）。

图 3-63　后退正确动作　　　图 3-64　直接转身后退错误　　　图 3-65　侧行避让

四、蹲姿

在日常生活中，当人们拿取、捡拾低处物品时，往往需要采用蹲姿。但是很多人却因不雅的蹲态而破坏了个人形象，同时也令旁观者感到尴尬（图3-66）。

下蹲时，左脚在前，右脚稍后，两腿靠紧往下蹲。左脚全脚着地，小腿基本垂直于地面，右脚脚跟提起，臀部向下，上身立直，身体的重心在一条腿上，或右脚在前左脚在后（图3-67）。

图3-66　错误蹲姿　　　　　　　　图3-67　优雅蹲姿

男士选用这种蹲姿时，两腿之间可有适当距离。女士必须两腿并拢。另外，当旁边有人时，应注意侧对他人。

 本章小结

姿态美是身体各部分在空间活动变化而呈现出的外部形态的美。如果说人的容貌美和形体美是人体静态美，那么姿态美则是人体的动态美。一个人即使有出众的容貌和身材，如果举止不端、姿态不雅，就不可能有完善的仪表美。

追求仪态美一是要注意按照美的规律进行锻炼和适当的修饰打扮；二是要注意自身的内在修养，包括道德品质、性格气质和文化素质的修养，因为人的外在仪态美在很大程度上是人的内在心灵的体现。

 本章思考题

1. 为他人指方向正确的手势是什么？
2. 正确的站姿应该注意什么问题？

3. 女士坐姿应该注意哪些问题？有哪些坐姿忌讳？
4. 微笑有几种分类，两者的最大区别是什么？
5. 熟悉的朋友之间谈话，目光注视可以凝聚在哪些区域？
6. 男士与女士仪态最大的区别体现在哪里？
7. 正确的蹲姿要领是什么？

 实战训练

按照以下训练方法进行仪态训练，并举行一次仪态举止的展示，选出礼仪形象大使。

1．"背靠墙"训练法

背部靠墙，身体的五个点——头部、肩部、臀部、小腿、脚后跟都靠在墙上，力求达到标准站姿，每天站立15分钟，持续一个月可形成优美的站姿。这是站姿训练的"背靠墙"法，也称为"五点一线"法（图3-68）。

2．"背靠背"训练法

两人一组，背靠背站立。将两人的后脑勺、双肩、臀部、小腿肚、脚后跟紧靠在一起，并且在两人的肩部、小腿部相靠的地方，各夹放一张名片。要确保名片不能滑落，可以配上优美的音乐，以减轻疲劳。力求达到优美标准的站姿，这是站姿训练的"背靠背"法（图3-69）。

图3-68　背靠墙训练

图3-69　背靠背训练

3. 微笑训练法

（1）放松肌肉

放松嘴唇周围肌肉是微笑练习的第一阶段。又名"哆来咪练习法"。肌肉放松运动是从低音"哆"开始，到高音"咪"，大声地清楚地发音，而且是一个音节一个音节地发音，以活动嘴唇周围的肌肉，为微笑做准备。

（2）练习微笑

嘴角两端上扬，脸部肌肉放松。上嘴唇有拉上去的紧张感。先露出两颗上齿，保持10秒表之后，恢复原来的状态并放松。休息10秒，同样的方法露出6颗左右上齿，眼睛也要蕴含笑意，保持10秒后，恢复原来的状态并放松。

休息10秒，用同样的方法，加大难度和力度，拉紧肌肉，把嘴角两端一齐往上提，到肌肉的极限，露出10颗左右的上齿，也可以稍微露出下齿。保持10秒后，恢复原来的状态并放松。

以上动作如果有困难，可借助筷子辅助训练。用上齿轻轻地咬住木筷子。把嘴角对准木筷子，两边都要翘起，并观察连接嘴唇两端的线是否与木筷子在同一水平线上。保持这个状态10秒，然后轻轻地拔出木筷子之后，练习维持刚才的状态。

（3）保持微笑

一旦寻找到适合自己、让自己满意的微笑，就要进行至少维持微笑30秒的训练。尤其是平时面部表情不丰富的人，如果重点进行这一阶段的练习，就可以获得很好的效果。

（4）检查微笑

虽然认真地进行了训练，但如果笑容还是不那么完美，就要寻找其他细节是否有问题。

嘴角上扬时是否弧度不一致？

微笑时两侧的嘴角上扬弧度不一致的人很多。这时利用木筷子进行训练很有效，方法参照第二阶段（图3-70）。

微笑的时候露出牙龈的人也很多，这会给甜美的微笑大打折扣的。自然的笑容可以弥补露出牙龈的缺点，需要训练者对照镜子，检查微笑的弧度，控制嘴角上扬的力度和弧度，同时与个人嘴唇周围肌肉的牵引也有关系。对照镜子练习的同时，上嘴唇稍微加力，以拉动上下嘴唇的肌肉，有助于制约微笑的程度。

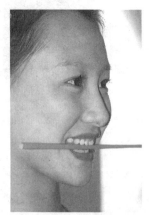

图3-70　借助筷子训练微笑

（5）修饰微笑

为了最终获得完美迷人的微笑，在微笑的训练中，要求注重身体其他部位的配合。伸直背部和胸部，头部端正，下颌微收。用正确的姿势在镜子前面练习微笑，微笑时注意眼神的传达，才能相得益彰，达到良好的效果。

4. 走姿训练法

在地上拉起一条颜色鲜艳的长绳，练习正确的走姿。训练时，按照走姿的标准要求，尽量使脚的内侧落在这条长绳上，力求内侧的落脚点在一条直线上。训练时，可配以背景音乐，一方面，消解训练的枯燥；另一方面，可培养学生走姿的节奏感（图 3-71）。

5. 负重训练法

走姿的训练中容易出现身体的晃动以及重心的不稳，针对这种现象，可采取"负重训练法"，托起重物进行训练，以求找到身体的平衡点，克服晃动的缺点（图 3-72）。

图 3-71　走姿训练

图 3-72　负重走姿训练

6. 站姿训练法

站姿训练中容易出现下颌上扬、头部不正、小腿分开等现象，可采取顶书训练法（图 3-73）和夹纸训练法（图 3-74）。为检验训练成果，可分组对镜训练，加上微笑的表情，形成优美的站姿（图 3-75）。

图 3-73　顶书训练

图 3-74　夹纸训练

图 3-75　对镜训练

 课外知识

手　势

　　手势在交流的过程中，起着非常重要的作用，手势可以帮助我们更好地表达自己。然而，就和语言一样，手势在不同的文化当中，可能也存在不同的形态。比如，将大拇指和食指接触交叉在一起，这个手势看起来似乎像是在数钱一样。然而，在韩国，这个手势代表"爱心"，同时，由于韩国娱乐文化的强大影响力，这种比心手势影响了亚洲不少国家。又如，在夏威夷，最流行的非语言手势是"沙卡"，这个手势是握拳，同时伸出拇指和小拇指，并左右挥动你的手。沙卡常与早期冲浪文化联系在一起，在 20 世纪 60 年代后期逐渐流行起来，成为夏威夷冲浪节的标志。

第四章
商务见面礼仪

学习目标

1. 掌握问候礼仪的各种方式、方法。
2. 掌握握手的顺序、方式以及鞠躬礼、拥抱礼等礼仪的方式。
3. 学会初次见面时如何打招呼以及和熟人、朋友打招呼的方式。
4. 了解各个国家和民族不同的见面礼仪。
5. 掌握自我介绍和为他人介绍的不同方式。
6. 掌握在商务场合中得体地递送和接受名片。

技能要求

1. 在日常生活中,能够正确掌握初次见面的礼仪以及和长辈、晚辈、朋友等之间的各种不同的见面礼仪,能够给别人留下美好的第一印象。
2. 在和别人见面时,做到尊敬对方,礼貌地对待对方。

案例导入

王峰在大学读书时学习非常刻苦,成绩也非常优秀,几乎年年都拿特等奖学金,为此同学们给他起了一个绰号"超人"。大学毕业后,王峰顺利地获取了在美国攻读硕士学位的机会,毕业后又顺利地进入一家美国公司工作。一晃八年过去了,王峰现在已成为公司的部门经理。

今年国庆节,王峰带着妻子儿女回国探亲。一天,在大剧院观看音乐剧,刚刚落座,就发现有3个人向他们走来。其中一个人边走边伸出手大声地叫:"喂!这不是'超人'吗?你怎么回来了?"这时,王峰才认出说话的人正是他高中的同学贾征。贾征大学没考上,自己跑到南方去做生意,赚了些钱,如今回到上海注册公司当起了老板。今天正好陪着两位从香港来的生意伙伴一起来看音乐剧。

此时,王峰和贾征彼此都既高兴又激动。贾征大声寒暄之后,才想起了王峰身边还站着一位女士,就问王峰身边的女士是谁。王峰这时才想起向贾征介绍自己的妻子。待王峰介绍完毕,贾征高兴地走上去,给了王峰妻子一个拥抱礼。这时贾征也想起该向老同学介绍他的生意伙伴了。

问题:上述场合的见面行为中有无不符合礼仪的地方?若有,请指出来,并说明正确的做法是什么。

第一节 问候礼仪

问候礼仪微课

见面礼仪是礼仪系统的重要组成部分,它是指人们在见面时应当遵守的行为规范与准则,良好的见面礼仪能够增进人与人之间的亲切感和信任感,消除隔阂与陌生,同时也会表现出一个人的礼貌和气质,它主要包括称呼礼仪、问候礼仪、握手礼、鞠躬礼、拥抱礼、点头礼、挥手礼等。

一、称呼的礼仪

称呼即在人际交往过程中双方招呼对方时所采用的称谓。一个人在与他人打交道时,能否恰如其分地使用称呼,不但体现着其自身的修养、尊重对方的程度,而且反映着双方的关系达到的友好程度。

称呼礼仪的原则是称谓得体,有礼有序。在商务交往中,称呼主要分为以下几种。

（一）职务性称呼

职务性称呼一般在较为正式的官方活动、政府活动、公司活动和学术性活动中使用，以示身份有别，敬意有加。职务性称呼可只称对方职务，如总经理、局长等；也可采用"姓+职务"的方式，如王经理、李主任等。职务性称呼也可采用"姓名+职务"的方式，如张强主任、李峰书记等，但这种方式仅适用于正式的场合。

（二）职业性称呼

职业性称呼是指在交往中，以对方的职业作为称呼内容，这种方式体现了对对方职业的尊重。运用职业性称呼时往往会在职业前冠以姓氏或姓名，如李老师、王医生、刘律师等。

（三）职称性称呼

职称性称呼是指在交往中，以对方的职称作为称呼内容，职称性称呼的使用往往体现了对对方工作能力的认可。运用职称性称呼往往会在职称前冠以姓氏或姓名，如李教授、王研究员。有时，出于简化的目的，也会直接使用简称，如王工程师或简称王工，但简称的使用必须以交谈人存在共识为前提，否则容易引起歧义。

（四）学衔性称呼

学衔性称呼是指在交往中，以对方的学术头衔为称呼内容，学衔性称呼的使用往往体现了对对方学术权威的敬重。学术性头衔有很多，如学士、硕士和博士，但一般情况下只有博士才使用此称呼方式，具体可以在学衔前冠以姓氏或姓名，如周博士、刘涛博士等。

（五）泛尊称

泛尊称是对社会各界都可使用的称呼，如小姐、女士、太太、先生等。

称呼语是交际语言中的先行官，是沟通人际关系的一座桥梁，一声得体又充满感情的称呼，会使对方感到亲切、愉快，促进双方情感的交融。称呼语也要注意一些礼仪禁忌。

1. 禁读错别字

中国文字，博大精深，对于一些生僻字的使用，应提前查阅好，如果时间紧迫，则可以大方向对方请教，切忌猜测与含糊其词。姓名是一个人的代表，在称呼中使用他人姓名时，务必要保证发音的准确性，避免造成笑话甚至是尴尬。

多音字也是一种极易出现错误的情况。有些时候，多种发音皆可，如"茜"既可以读作xī也可以读作qiàn，称呼对方之前，应先弄清楚；有些时候，多种发音中只有一种是恰当的，如姓氏"仇"，往往读作qiú。

2. 禁用庸俗称呼

在公众或正式场合中，禁止使用一些私下的庸俗性称呼。如在商务场合称对方为"哥、姐"貌似私交甚密，实则并不得体。

3. 禁用绰号称呼

绰号是私下社交常常用到的称呼形式，但是和庸俗称呼一样，在商务或正式场合应慎用，否则容易给对方造成不必要的尴尬，否则不仅不会拉近彼此之间的感情，反而会给对方带来困扰。

4. 禁用区域差异称呼

各地文化的差异性造就了各地文字寓意的差别，在使用称呼的同时，要注意不同称呼在不同地方的实际含义。如济南人口中的"老师"并不是传统意义中教书育人的教师，与朋友、同志等一样，仅是一般性称呼；如山东人常说的"伙计"，在南方的意思则为打工仔。

二、问候的礼仪

问候的礼仪要注意以下几点。

（1）要注意问候的顺序。一般而言，应该位低的先主动问候。例如，男士先问候女士，主人先问候客人，下级先问候上级，后辈先问候前辈等。

（2）要注意问候的场合。在工作场合，男女是平等的，只有上下级之分；而在社交场合，则是女士优先，应该尊重女性。

（3）要注意问候方式的不同。例如，在外国通常习惯称呼先生、女士等，而在国内一般比较习惯称呼职称、职务等。

（4）问候的时候要面带微笑，直视对方。在站立的同时，脖子要放松，面带微笑，这样可以将内心的友善通过脸上的微笑自然地传达给对方，会使对方感到温暖，感到自己是被接纳的。在站立和微笑的同时，眼睛一定要看着对方，形成目光对视，表示对对方的尊重。

第二节 握手礼仪

握手是一种很常见的礼仪，在日常生活中，处处都会有握手的礼节。比如，初次见面、老友相逢、送别、祝贺、感谢、鼓励、慰问的时候都经常会握手。在社交场合、商务谈判、亲朋好友聚会等场合，因为不同的场合不同的握手对象，握手的方式也有所不同，如果不注意握手的一般礼仪，不仅会使人尴尬而且会得到始料不及的后果。

一、握手的顺序

（一）男士与女士之间

男士要等女士主动伸出手时才能握手（图4-1），如果女士不伸手，说明无握手之意，男士不可以主动去握手（图4-2），可以行点头礼或鞠躬礼。

图4-1 握手正确顺序

图4-2 握手错误顺序

（二）上级与下级之间

一般情况下，要等上级先伸手，下级才可以与其握手，表示对上级的尊重。

（三）长辈与晚辈之间

长辈与晚辈见面时，长辈先伸手，晚辈才可以握手。

（四）主人与客人之间

主人应主动先向客人伸手，以表示欢迎之情。

二、握手的方式

握手的标准方式是：双腿直立，呈立正姿势，上身略向前倾，右手四指并齐、拇指张开向对方伸出，在齐腰的高度与对方的右手相握（图4-3）。

图 4-3　握手

握手时，力度要适中，时间要恰当。为表示热情欢迎，握手时应有一定的力度，但不能过大，不能握痛对方。一般握手，上下稍晃动三四次，随即松开手，持续的时间不必太久，以3秒左右为宜。与人握手时，精神要专注，不要在张望第三方时与人握手，要面带微笑，热情、友好、自然，目视对方，同时向对方问候。

握手时，掌心向下显得傲慢，掌心向上显得过于谦恭（图4-4）。双手接捧对方的手则更显敬意（图4-5）。

图 4-4　掌心错误方向　　　　　　　　图 4-5　双手相握

三、握手的注意事项

握手时,还应该注意以下几项。

(1)要注意各个国家握手的风俗习惯。例如,美国人第一次见面只打招呼以示问候,并不正式握手;对意大利人不能主动握手,要等对方主动伸手时才可以与之握手;日本女人一般不跟别人握手,只是行鞠躬礼。

(2)与人握手时不能戴着手套或帽子之类(图4-6),如果戴着,握手时要先摘下再与对方握手(图4-7)。女士可以戴着薄纱手套与人握手。握手时不能将另一只手放在口袋里(图4-8)。

图4-6 错误的握手动作

图4-7 握手时摘下手套

图4-8 握手指部分

(3)不能交叉握手,不能跳过和别人正在握着的手和其他人相握(图4-6)。

(4)与人握手时要直视对方,不能目光游移,显示出对对方的不尊重。

(5)男士与女士握手时不能握得太紧,和地位较高女士握手时,只握女士的手指部分（图 4-8）。

（6）与多人握手时，要与在场的每一个人握手，切忌中途停止，只与一部分人握手，而把另一部分人晾在一边。

第三节　其他见面礼仪

一、鞠躬礼

鞠躬礼仪
微课

鞠躬，即弯身行礼，表示对人的尊敬，不同的弯身程度，表示的尊敬程度也不一样。一般来说与别人打招呼时鞠躬角度约为15°（图4-9），正式场合中鞠躬角度约为30°（图4-10），表示感谢、忏悔、道歉时，鞠躬角度为60°~90°。

标准的鞠躬方式是：立正，背部伸直，距离对方约2米，双手分别放在双腿的正面，膝盖、脚跟并拢，行礼时，上身往前倾，低头且双眼朝下看，双手的指尖下（图4-11）。行鞠躬礼时弯身的程度越大，所表达的敬意就越深。

图 4-9　15°鞠躬　　　　图 4-10　30°鞠躬　　　　图 4-11　标准鞠躬

鞠躬礼应该注意：第一，必须脱帽，既表尊敬，又不致帽子掉下来；第二，嘴里不应含有东西或嚼口香糖；第三，礼毕时，双眼应礼貌地注视对方，并且面带微笑。

二、点头礼

点头礼，即颔首礼。点头礼的做法是头部向下轻轻一点，同时面带微笑。注意不要反复点头不止，点头的幅度也不宜过大。点头礼适用的范围很广，比如路上遇到熟人或者与朋友在会场、电影院、歌厅等不宜交谈之处见面，以及遇上多人而又无法一一问候之时，都可以行点头礼。行点头礼时，要摘下帽子，以示对对方的尊重（图4-12）。

图4-12　点头礼

三、拱手礼

拱手礼，即作揖礼，是我国传统的见面礼节，也是华人中最流行的见面礼。行礼方式是：起身站立，上身挺立，两臂前伸，右手在内，左手在外，双手合抱于胸前，自上而下，或者自内而外，有节奏地晃动两三下。

作揖礼主要适用于过年时举行团拜活动，向长辈祝寿，向朋友恭贺结婚、晋升、乔迁等，以及与海外华人初次见面时表示久仰之意。

四、脱帽礼

见面时，男士应摘下帽子或举一举帽子，并向对方致意或问候；拜访主人时，客人必须脱帽。在庄重、正规的场合也应该自觉脱帽。女士在一般社交场合可以不脱帽子，不会被人认为是失礼行为。

五、拥抱礼

两人相对而立，上身稍稍前倾，各自举起右臂，右手环拥对方左肩部位，左手下垂，扶住对方右腰部位，首先各向对方左侧拥抱（图4-13），然后各自向对方右侧拥抱（图4-14），最后再一次各自向对方左侧拥抱，一共拥抱3次。若在普通场合，则不必如此讲究，只要表达出热情友好之意即可。

图 4-13　左侧拥抱　　　　　　　　图 4-14　右侧拥抱

六、亲吻礼

亲吻礼是一种西方国家常用的会面礼。行亲吻礼时，往往伴有一定程度的拥抱，不同关系、不同身份的人，相互亲吻的部位也不相同。一般来说，长辈吻晚辈，应当吻额头；晚辈对长辈，应当吻下颌或吻面颊；在公共场合和社交场合，关系亲近的女子之间可以吻面颊，男女之间一般是贴面颊；男子对尊贵的女宾可以吻手指或手背；而接吻一般仅限于夫妻或者恋人之间。

行亲吻礼时，要注意不要发出响声，不要把唾液弄到对方脸上，不要用力过猛弄疼对方，也不要勉强别人。

七、合十礼

合十礼又称合掌礼，是佛教中一种见面的礼仪，在亚洲特别是泰国、印度等国家使用较多。标准方式为双掌十指在胸前相对合，五指并拢向上，手掌向外倾斜，双腿直站，微微欠身低头。一般手抬得越高，越表示对对方的尊敬。但原则上不能高过眼睛（图4-15）。

图 4-15　合十礼

第四节　介绍礼仪

介绍是人与人之间进行相互沟通的出发点，它最突出的作用就是缩短人与人之间的距离。商务人士如果能正确地运用介绍礼仪，不但可以广交朋友，而且有助于进行自我展示、自我宣传和自我推介。在商务场合，介绍主要分为自我介绍和为他人做介绍两种。

自我介绍即把自己介绍给他人，以便对方认识自己，商务人士进行自我介绍时，要先向对方点头致意，待对方得到回应后再报出自己的姓名、单位、身份等基本情况，语调要热情真挚，充满自信，眼睛要注视对方，面带微笑。

一、自我介绍的原则

（1）自我介绍（图4-16）时，如果有名片，最好先递名片再做介绍。一般有经验的人都是先递名片再介绍，因为如果在谈话结束之后再递名片，会给人以不被信任的感觉。一见面先递名片，可以不用介绍职务、单位等，着重强调一下自己的名字就可以。

（2）自我介绍要言简意赅，说话直截了当，时间越短越好，要争取在半分钟以内将自己介绍完毕，一般不超过一分钟。

图4-16 自我介绍

（3）第一次介绍部门和单位的时候要使用全称，不能使用简称。

二、自我介绍的内容

确定自我介绍的具体内容，要兼顾实际需要、所处场合，要具有鲜明的针对性，不要千篇一律，根据内容的不同，自我介绍有以下三种模式。

（一）寒暄式

寒暄式主要适用于非正式场合，内容只要介绍自己的姓名就可以。

（二）公务介绍

公务介绍主要在公共场合或正式场合，内容包括四个方面：工作单位、具体的部门、担任的职务以及完整的姓名。如果是朋友聚会，一般还应说明自己与主人的关系。

（三）社交式

自我介绍通常情况下一般采用社交式。内容有五个方面：自己的姓名、职业、籍贯、爱好、共同的熟人。其他比如年龄、学历等一些详细情况可以在交谈中根据需要自行选择介绍给对方。

三、自我介绍应该注意的问题

（1）自我介绍时要礼貌、客气、得体，内容全面并且一气呵成，而且谈话的内容也不能涉及他人隐私，以及政治、军事等敏感话题。

（2）自我介绍要注意介绍顺序。要遵循位低者先行原则，即主人先向客人做介绍；男士先向女士做介绍；晚辈先向长辈做介绍；下级先向领导做介绍。总之，总是地位低的先向地位高者做自我介绍。

（3）如果想参加某个活动或进入某个社交圈子，最好先找一个圈里人或和圈子比较熟悉的人，来帮忙介绍。

为他人介绍，即通过介绍，使互不相识的双方相互认识的过程。善于为他人做介绍的人，往往在朋友圈中享有更高的信任和影响力。

四、介绍他人的含义

介绍他人是指经第三方，为彼此都不认识的被介绍双方引见、介绍的一种方式。介绍他人是一种双向的介绍，对被介绍的双方各自均做一番介绍。通常遇到以下情况，要进行介绍他人，同时要分清谁当介绍人。

（1）与家人或朋友外出，路上遇到家人或朋友不认识的其他朋友或者同事等。

（2）打算推介某人进入某社交圈。

（3）在家中或者工作场所，遇到自己不认识的来访者，经由家人或者同事予以介绍。

五、介绍他人的顺序

总的来说，介绍他人，应该遵循"尊者优先"的顺序。

（1）介绍男士和女士时，应先将男士介绍给女士。例如，介绍张先生与王小姐认识，介绍人应当引导张先生到王小姐面前，然后说："王小姐，我来给您介绍一下，这位是张先生（图4-17）。"

（2）介绍长辈和晚辈时，先将晚辈介绍给长辈，以示对长辈的尊敬。如"王叔叔，让我来给您介绍一下，这是我的同学李明"。

图4-17　为他人做介绍

（3）介绍客人与主人时，先将主人介绍给客人。

（4）介绍领导和下属时，先将下属介绍给领导。

（5）介绍未婚与已婚女士时，先将未婚女士介绍给已婚女士。

（6）集体介绍时的顺序。在被介绍者双方地位、身份大致相同时，应当先介绍人数较少的一方或个人，后介绍人数较多的一方或多数人。

六、介绍他人的各种方式

由于实际需要的不同，为他人做介绍时的方式也不尽相同。

（一）一般式

一般式也称标准式，以介绍双方的姓名、单位、职务等为主，适用于正式场合。如"请允许我来为你们引见一下，这位是公司营销部主任魏小姐。"

（二）简单式

只介绍双方姓名一项，甚至只提到双方姓氏而已，适用一般的社交场合。如"我来为大家介绍一下，这位是王力，这位是章明。希望大家合作愉快。"

（三）附加式

附加式也可以叫强调式，用于强调其中一位被介绍者与介绍者之间的关系，以期引起另一位被介绍者的重视。如"大家好！这位是公司的业务主管王先生，这是我爱人刘梦，请各位多多关照。"

（四）引见式

介绍者所要做的，是将被介绍者双方引到一起即可，适用于普通场合。如"两位认识一下吧。大家其实都是校友，只不过不是同一个专业。接下来，请自己介绍一下自己吧。"

（五）推荐式

介绍者经过准备再将某人举荐给另一个人，介绍者通常会对前者的优点加以重点介绍。通常适用于比较正规的场合。如"这位是王远先生，这位是同源公司的赵同源董事长。王先生是经济学博士，管理学专家。赵总，我想您一定有兴趣和他聊聊吧。"

（六）礼仪式

礼仪式是一种最为正规的他人介绍，适用于正式场合。其语气、表达、称呼上都更为规范和谦恭。如"王小姐，您好！请允许我把山东远东公司的人力资源经理李然先生介绍给你。李先生，这位就是绿地集团的财务经理王芳小姐。"

七、介绍他人应注意的问题

介绍他人时应该注意以下几个问题。

（1）为他人做介绍之前，要首先征得被介绍双方的同意，不能上去开口就介绍，这样会让被介绍者感到措手不及。

（2）一般介绍者询问被介绍者是否愿意认识某人时，被介绍者应该欣然应允，一般不能拒绝，那样会使介绍者感到尴尬。

（3）为表示尊重，介绍他人时，介绍者和被介绍者都应该起身站立，面带微笑，待介绍完毕，被介绍双方应点头致意或者握手问候对方（图4-18）。

图4-18 介绍完后握手

（4）介绍他人的时候说话要清晰，特别是称呼一定要清晰明确，如果含糊不清，让人不得不问，那就会很尴尬。

（5）介绍他人时还应注意各国、各地风俗习惯的不同，要提前了解被介绍双方的习惯和禁忌等。比如说，国外不喜欢因为自己上了年纪而受到特殊照顾，所以他们不喜欢"老"字，介绍的时候就要特别注意。

第五节 名片礼仪

名片礼仪微课

名片是标示个人乃至公司及其所属组织、公司单位和联系方法的卡片，是人际交往中不可或缺的工具，被誉为是"自我的介绍信"和"社交的联谊卡"。通过精心设计的名片，可以让他人在第一时间了解自己的身份，甚至识别出自己的个性特点，使交往双方形成准确的第一印象。

名片起源于封建社会。战国时期中国开始成为中央集权统治的国家，随着铁器等先进生产工具的使用，经济得到发展，从而带动文化的发展，以孔子为代表的儒家与其他流派形成百家争鸣景象。各国都致力于扩大疆土，扶持并传播该国文化，战争中出现大量新兴贵族。特别是秦始皇统一中国后，开始了伟大的改革：统一全国文字，分封了诸侯王。咸阳成了全国的中心，各路诸侯王每隔一段时间就要进京述职，诸侯王为了拉近与朝廷当权者的关系，经常地联络管理也在所难免，于是开始出现了名片的早期名称"谒"。所谓"谒"，就是拜访者把名字和其他介绍文字写在竹片或木片上，作为给拜访者的见面介绍文书。

到东汉时期，人们为了拜见长官或名人，将竹片、木片制成简，再用铁器将自己的名字刺在上面，这种简当时叫"刺"，又称"名刺"。蔡伦发明造纸术后，纸张逐渐用得多了，于是就开始用纸张做，改称"名"或"名纸"。唐宋时期以后叫"门状"，是官僚阶层呈状时用的。明清时期又有一种叫"手本"的名帖，是下属见上司以及学生见老师时用的。因此名片在早期，只用于少数特权阶层的交往，只有到近代，名片才开始走向平民化。

清朝才正式有了"名片"这个称呼。清朝是中国封建社会的终结，由于与西方的交往增加了，和国外的通商也加快了名片普及。

一、名片礼仪的含义

一般初次见面的人需要递上自己的名片作为自己的介绍信，并与对方的名片互相交换以了解对方的身份。名片代表了一个人的身份和形象。所以在见面中也要注意名片使用的各种礼仪。

名片的内容一般包括姓名、工作单位、职务、职称、联络电话、传真、电子信箱，地址、邮编等。

二、使用名片应该注意的问题

使用名片要注意以下几个问题。

（1）名片不能随便涂改。例如，电话号码换了，不能直接在名片上修改。

（2）名片上提供的头衔不能太多，一般以两个为宜。如果有好几种头衔，可以针对不同的对象制作不同的名片。

（3）尽量不主动索要名片。如尊者、领导等不主动交换名片，可以委婉提出，但不宜直接索取。

（4）交换名片的顺序。一般应该先客后主，先低后高。如果与多人交换名片，则应依照职位高低的顺序，或者由近及远，依次进行，切忌跳跃式地进行，以免对方认为有厚此薄彼之感（图4-19）。

（5）出席重要的社交活动，一定要提前把自己的名片准备好，整齐地放在名片夹或者口袋中；参加会议时，不能在会中不顾秩序擅自与别人交换名片，一般在会前或会后再交换名片。

图 4-19　递名片由近及远

商务人士递送名片的时机很多,可以在多种情境下使用。如登门拜访,递送名片让对方了解来者何人;初次相识,为了让对方迅速记住自己,可以递送名片加强对方的记忆;交谈结束,双方较为满意,可以递送名片保证今后的持续联系。

递送名片时一定要考虑对方所处的情境,如果对方过于忙碌或者焦虑,可选择其他时机重新递送。

三、递送名片的方式

向对方递送名片时,应起身站立,面向对方。将名片的正面朝向对方,确保对方接受后可以直接看名片。双手捏住名片的两边递送,同时眼睛注视对方,并微笑着说"您好,请多多关照!"或者"您好,这是我的名片"(图4-20)。辈分或职位较低者,应先以双手首先递送自己的名片。

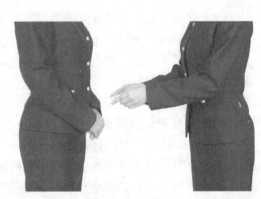

图 4-20　递送名片

四、递送名片应该注意的问题

递送名片要注意以下几个问题。

（1）不能用左手递接名片，用左手是不礼貌的（图4-21）。有些国家有"左手忌"，如印度、缅甸、泰国、马来西亚、阿拉伯各国及印尼的许多地区，他们的传统认为左手是肮脏的，因此与这些国家和地区的人交往时，要避免用左手递送或接收名片。

（2）千万不能用食指和中指夹着名片递给对方，这不止是对别人的不尊重，也是对自己的不尊重（图4-22）。

图4-21　左手递送名片错误　　　　　图4-22　递送名片错误动作

（3）如果与对方同时递出名片，应该先放下自己的名片接受对方的名片，然后再递出自己的名片给对方。

（4）在社交活动中要有选择地提供名片，不要在一群陌生人中传发自己的名片，这会让人误会你在拉业务或者做推销等，这样反而不受重视。

（5）在一群不认识的人当中，最好让别人先递送名片。名片的递送可以在刚见面或者要告别时，但如果自己想要发表意见或谈话，则最好在说话之前先发送名片给周围的人，这样可以帮助他们快速认识自己。

（6）不能在用餐时发送名片，因为用餐时虽然适宜从事社交，但不适合进行商业性的活动。

（7）对于陌生人或者巧遇的人，不要在谈话中过早发送自己的名片。这种热情一方面会打扰别人，另一方面有推销自己的嫌疑。

（8）递名片时，应正面朝向对方（图4-23），确保对方收到时可以直接看名片，而不是朝向自己（图4-24）。

图 4-23　名片正确方向　　　　　　　　图 4-24　名片错误方向

接受名片同样需要礼仪。

五、接受名片的方式

接受名片时同样要起身站立，如果手上有东西应该立刻放下，立即停止手上所做的一切事情，双手承接，双目注视对方，面带微笑，切不可手拿东西接名片（图 4-25）。

接过名片之后应点头致谢，目视对方面带微笑（图 4-26），并且要仔细认真地看一遍，了解一些对方的确切信息（图 4-27），不明之处可以向对方请教（图 4-28）。读的时候还可以有意识地读出声音来，再重复一下对方名片上所列的职务或者职称以表示对对方的尊重和仰慕之情。

图 4-25　接受名片错误动作　　　　　　图 4-26　接受名片

接受对方名片后，要回敬对方自己的名片，俗话说"来而不往非礼也"。看过对方的名片，要根据对方的身份选择适当的称呼。一般有以下三类称呼。

图4-27 看名片内容

图4-28 适时请教

(1)通用的称呼,如"×先生""×小姐"等。

(2)称行政职务,一般在正式的官方交往中较常使用,如"××董事长""××总经理"等。

(3)称技术职称,一般在学术界较常使用,如"××教授"等。

六、接受名片应该注意的问题

接受名片要注意以下几个问题。

(1)接受的名片不可随手摆弄、折叠或在上面压上其他物品。

(2)接受对方名片后,要回敬对方自己的名片。如果没有,也不能说没有,可以委婉地说"不好意思,今天没带名片"或者"不好意思,我的名片用完了",之后告知自己的联系方式。

(3)接受名片并看过之后,要妥善保存。

名片的保存要注意以下几个问题。

(1)接受名片后应该妥善保存。最好把名片放在专门收藏名片的名片盒或者皮夹里。

(2)不能将名片夹在书里(图4-29)或随意放入口袋、钱包等(图4-29),这是一种不尊敬的做法。

(3)名片更不能随便放在臀部后面的口袋里,这是一种极不尊敬的做法(图4-29)。

(4)不要在对方的名片上书写不相关的东西,或者玩弄对方的名片(图4-29)。

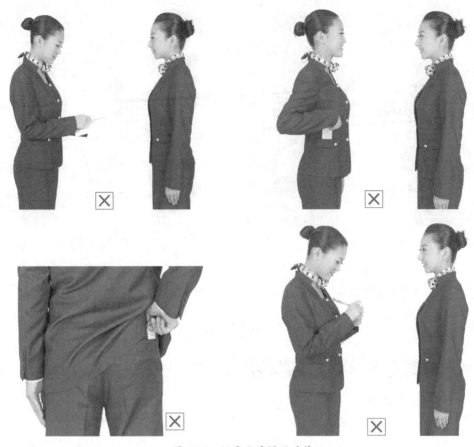

图 4-29 保存名片错误动作

本章小结

见面礼仪是礼仪系统的重要组成部分，见面礼可以展示友好尊敬的态度，为进一步交往打下良好的基础。本章主要学习了见面时的问候礼仪、握手礼仪、介绍礼仪和名片礼仪，以及简单介绍了一下各种见面礼仪方式的方法和应用，让我们了解到不同人们之间，不同国家民族，不同场合之间的见面礼仪，并且学会利用这些礼仪给人留下美好的印象。

本章思考题

1. 鞠躬时应该注意什么问题？
2. 男士和女士初次见面谁先伸手握手？

3. 和朋友见面，你更愿意选择哪种方式和朋友打招呼，为什么？
4. 和客户见面时，提前准备名片应该放在哪里？

实战训练

两人一组，扮演两个初次见面的陌生人应该怎样握手，有哪些注意事项，之后换成是熟悉的朋友之间，应该运用怎样的见面礼仪。

模拟一次面试，由老师做观察员，同学们分别扮演考官和面试者，在面试中运用到问候礼仪、握手礼仪、介绍礼仪和名片礼仪，最后由老师和同学们分别点评，在点评时可以加上自己的感受体会。

课外知识

古代见面礼仪

拱手礼（见图4-30）又叫作揖、抱拳礼，是古代传统的见面礼，历史非常悠久。《论语·微子》曾载："子路拱而立。"这里子路对孔子所行的就是拱手礼，拱手礼的正式称呼应为揖礼。

行礼时双腿站直，上身直立（一般适于对平辈）或微俯（一般适于对尊长），双手相互握合于胸前，形成一个拱形，也可一手虚握，另一只手包住，不高于颚，不低于胸，有节奏地晃动两三下。此礼用于遥祝时手可抬高。

图4-16 拱手礼

拱手礼简单易操作，几乎不受时间、空间的限制，在同一时间和目所能及的范围内都可行礼。拱手礼效率高，可一对一行礼，也可一对多、多对一行礼，一视同仁，简单公平。拱手礼根据不同性别、不同场合灵活变化，表达不同含义，能够适用实际需要。

中华民族以礼立本，自古即被誉为"衣冠上国，礼仪之邦"。作为传统礼仪的拱手礼，颇具中华文化魅力，不仅能够承载中华人文精神，本身也是一种大方得体、庄重文雅的礼仪。

第五章 交谈礼仪

学习目标

1. 掌握与人交谈的基本礼节礼貌，养成良好的交谈习惯。
2. 提高与人交往的道德文化素质及个人修养。
3. 掌握打电话、接电话、代接电话的基本礼仪。
4. 充分理解电话礼仪中的注意事项。
5. 熟练掌握微信礼仪的要求。

技能要求

1. 能娴熟又不失礼仪地与不同性别、身份、地位的人交谈，语言文明，富有涵养。
2. 能够不失礼仪地打电话、接电话、代接他人电话，并能灵活应对在电话交谈中出现的突发情况。
3. 文明地使用微信交流，助力双方的交流互动。

👉 **案例导入**

有一位美籍华侨到国内洽谈业务,双方谈判了多次都没有成功。最后一次来之前,他曾对一位朋友说:"这是我最后一次洽谈了,谈得好,就可以拍板。"两个星期之后,这位朋友问:"谈成了吗?"他回答:"没有谈成,虽然双方都很有诚意,但跟我谈判时坐在对面的领导,一边跷着二郎腿,一边不时地抖动着他的双腿。这给我的感觉是还没有合作,财运就被他全部抖掉了。"

第一节 交谈礼仪概述

交谈是人际沟通最直接、最有效的方式,在交谈中能够充分体现一个人的礼貌程度、文化素质、道德品质等许多特征。

交谈礼仪是指人们在交谈活动中所应遵守的礼节和应讲究的仪态。一般而言,一个善于使用语言与他人沟通,并且能够建立起良好关系的人,事业上也一定能够取得成功。

一、交谈礼仪的要求

任何事物都是由其形式和内容组成的,交谈礼仪也不例外。因此,我们大致从形式和内容的角度将交谈礼仪的要求归纳为以下几点。

(一)交谈过程中注意礼貌、礼节

首先,与人交谈时要礼貌称呼对方,以微笑待人。微笑不仅在外表上给人以美感,使人心情舒畅,而且能够强化有声语言的效果。有人把微笑形象地比做交际中的"世界货币",是世界上所有的人都乐于接受的无形力量。

其次,与人交谈要热情周到、语言文明。与人见面时的一般礼节,如握手、寒暄、让座等应适时适地地运用自如。长辈对晚辈、小姐对先生、上级对下级一般应先伸手;与女性握手不能握得太紧,更不能握住不放;有客来访时要及时让座、沏茶,给人宾至如归的感觉等。这些都是与人交谈时应当注意的礼节。此外,与人交谈要注意使用优雅文明的语言,不能使用粗话、脏话、黑话、荤话、怪话等令人反感厌恶的词句。

再次,与人交谈时要保持神情专注,这是给对方基本的也是最大的尊重和在乎(图5-1)。在倾听别人讲话时,要目视对方双眼,同时点头或微笑向对方表示自己在认真听,切忌心不在焉(图5-2)。

图 5-1　表情专注　　　　　　　　图 5-2　心不在焉

最后，在交谈时要礼让对方，不要独白，不要插嘴，不要无故打断对方的谈话，不要抬杠，尽量使用委婉的语言而不要直接否定。如果能够很好地做到以上这几个方面，就一定能给对方留下一个文雅有礼、富有涵养的美好印象，使对方愿意与你进行更多更深层次的沟通与交流。

（二）交谈中态度真诚表达准确

德国哲人黑格尔说过："同样的一句话，从不同的人嘴里说出来，具有不同的含义。"意大利著名的悲剧家罗西为这句话做了最好的注解。有一次罗西应邀为外宾表演，他在台上用意大利语念起一段话。尽管外宾听不懂他念的是什么内容，但却无一例外地被他那满脸的辛酸和凄凉的语调所感染，都禁不住泪如泉涌。当罗西表演结束后，翻译解释说，其实刚才罗西念的根本不是什么台词，而是大家面前桌子上的菜单。一个人的态度、表情、声音、语调的作用就是如此神奇，在交谈时只要巧妙而合理地调控它们，为说话注入真挚的感情，就能够为交谈锦上添花，达到出乎意料的效果。

（三）内容得体、掌握交谈技巧

"水无常形，话无定格""人无礼则不立，事无礼则不成"，交谈的内容选择应遵守一定的原则。

首先，要切合语境，注意交谈时的具体语言环境，包括时间、地点、目的以及交谈双方的身份、地位等内容。

其次，要因人而异，根据对方的性别、年龄、职业、性格、民族、地位、阅历等选择合适而不同的交谈内容。

最后，要回避禁忌，"打人不打脸，骂人不揭短"，在交谈中切忌触及对方的弱点、短处或其他不足。如果交谈的对象不是很熟悉，也最好不要涉及对方的隐私，譬如收入、年龄等。

二、交谈礼仪的原则

（一）认真倾听

做一个善于倾听的人，是交谈顺利进行的一个重要前提。在交谈中，要善于倾听对方说话，这不仅是尊重对方，体现自身修养的表现，更重要的是可以从别人的说话中得到自己所需要的信息，以促进思考和更好地交流。

（二）真心赞美

赞美是一种能引起对方好感的社交方式，它能协调交谈双方的关系，创造出一种热情友好、积极肯定的交谈气氛。懂得适时、恰当地赞美别人的人往往是最受欢迎的。这里应当注意的是，赞美应该是真心实意，有感而发，诚挚中肯，恰如其分的。另外，赞美也要因人而异，掌握一个"度"，注意场合，讲究效果。

（三）神情专注

与人交谈时，神情要专注自然，眼睛注视对方眼睛，不可三心二意、心不在焉，更不要做无关的动作，如翻阅书报、打呵欠、剔牙齿、抬腕看表等（图5-3），这些动作会让人觉得不受尊重，是极不礼貌的表现。

图 5-3　交谈错误动作

（四）适时回应

听对方讲话时，可适时地回应对方，如用"嗯""对"或点点头、微笑表示赞同，并适当地插话或提问，以表明你对对方所谈内容的关心，让对方知道你在认真倾听他的谈话。但注意不要中途打断别人的谈话，应让对方把话说完，可在对方讲话出现停顿时再表达自己的观点。

（五）轻松幽默

在交谈中，恰当地运用幽默的语言，会让人产生轻松、愉快之感，有时甚至产生意想不到的效果。美国一位心理学家说过："幽默是一种最有趣、最有感染力、最具有普遍意义的传递艺术。"幽默的语言，能使社交气氛轻松、融洽，利于交流。人们常有这样的体会，疲劳的旅途上，焦急的等待中，一句幽默话，一个风趣故事，能使人笑逐颜开，疲劳顿消。在公共汽车上，因拥挤而争吵之事屡有发生，任凭售票员"不要挤"的喊声扯破嗓子，仍无济于事。忽然，人群中一个小伙子嚷道："别挤了，再挤我就变成相片啦。"听到这句话，车厢里立刻爆发出一阵欢乐的笑声，人们马上把烦恼抛到了九霄云外。此时，幽默调解了紧张的人际关系。

三、与人交谈的注意事项

（一）良好的坐姿和站姿

交谈时，要坐姿端正，站姿挺拔，坐着时避免跷起二郎腿并将跷起的脚尖冲着别人，也不要同他人靠得过近或过远，要与他人保持适当的交谈距离（图5-4）。

（二）恰当的肢体动作

交谈时，要善于使用表情、体态等肢体动作来配合语言。这不仅可以增强交谈的效果，活跃交谈的气氛，还有利于显示个人的风度和魅力。不过，不要做出将双臂紧紧交叉胸前这种防御和敌视的姿态，更不要将双手搂在头后，抖动双腿或靠在椅背上等（图5-5）。

图5-4 距离适中

图5-5 防御和敌视姿态

（三）文雅的用语

交谈中要尽量使用尊称和礼貌用语，如"您""您好""请""对不起""谢谢""没关系""打扰了"等。应当尽量避免不文雅的语句和说法，对于不宜明言的一些事情，尽可能用委婉的语句来表达，如想要上厕所时，可以说"对不起，我去一下洗手间"。

（四）尊重他人隐私

交谈时要注意尊重个人隐私，做到"五不问"，即不问收入、不问年龄、不问婚姻、不问健康、不问个人经历。在与外国人交往时更要特别注意这一点，否则会让交谈很不愉快。

第二节　电话礼仪

电话礼仪微课

一、打电话礼仪

（一）做好打电话前的准备

一般来说，在比较正规的场合，打电话前应做好各种准备工作，要先考虑好通话的大致内容，若怕内容有所遗漏，应事先记下几点做备忘。

（二）打电话的时间

1. 要选择好打电话的时间

除非和对方事先约好或者有十分必要的情况下，早上7点之前、晚上10点以后、三餐时间和节假日休息时间等最好不要给别人打电话，不注意这一点会影响对方的心情、休息或用餐，这是很不礼貌的行为，而且会影响到通话的效果。打国际电话，首先要考虑对方所在国家的当地时间，若必须拨打电话，电话接通就应首先向对方道歉，通话时间越短越好。

2. 把握好通话的时间长度

掌握"3分钟原则"，打电话的一方要有很强的时间观念，抓住主题。一次打电话的时间最好不要超过3分钟，要在尽可能短的时间内清楚地表达自己的意思。

（三）打电话的内容

打电话时要注意内容简洁明了，语言清晰，最好使用普通话。说话要干脆利索,语速略慢而清楚,语气自然,语调从容,不要吞吞吐吐、东拉西扯。

(四)打电话的态度

1. 电话交流的特点

电话交流的特点是"只闻其声不见其人",是通过声音传递信息和表达情感的,通话双方都看不见对方的表情。因此,通话的态度、声音显得至关重要。通话时要语速、音量适中,语气亲切,做到语言文明,先向对方礼貌地说一声"您好"后,再主动报上自己单位的名称和自己的姓名。结束通话后,要说"谢谢""再见"。

2. 注意打电话的姿势

打电话时应找一个舒适的姿势站立、端坐或走动,不可坐在桌角上或椅背上,也不可趴着、躺着、斜靠着或者双腿高架。电话要轻拿轻放,保证说话时语气的顺畅。即使对方看不到你,你也不要衣冠不整、体态随便地打电话,更不能吃东西、看书、跟别人说着话或看着电视而心不在焉地打电话,这些不礼貌的行为会通过电波传达给对方,使对方感受到不尊重和不在乎(图5-6)。

图 5-6　打电话错误姿势

3. 注意打电话的程序

拨号接通电话后,要先通报自己的姓名"您好!我是××",同时礼貌地征求对方"您现在说话方便吗?"然后再开始下面的谈话。如果接电话的是别人,要有礼貌地学会转话"您好!我是××,我能和××通话吗?谢谢!"

4. 打错电话

打错电话时,要向对方说"对不起,我拨错了电话"、"抱歉,打扰您了"等道歉的话,不可一言不发,挂断电话了事。

5. 电话中断

通电话时突然中断,应由打电话方主动再拨,并向对方说明电话中断的原因,不要等接电话方把电话拨回来。

二、接电话礼仪

首先,电话机旁应该备好纸和笔,以便记录(图5-7)。如果要请打来电话的人等你去拿纸笔，这不仅是失礼，而且还会留给对方"这个单位的人办事效率低，管理不善"的印象。

接电话时要遵照"铃响不过三"的原则，就是说接电话以铃响三次左右为宜。电话铃一响，应立即放下其他工作，及时接听电话。如果因为有事在电话响过三遍之后才去接，拿起电话时应该说"对不起，让您久等了，我有事耽搁了"。

图 5-7　接听电话

通话后，要主动向对方问好并自报家门。问候对方是礼貌的表示，不能一上来就用盘问的口气说："喂，喂，你是谁？你找谁？"自报家门则是为了让对方验证一下是否拨错了电话，找错了人。如果对方拨错电话号码，要耐心向对方说明，不要不耐烦，甚至恶语相向。

接听电话时，要积极应答，态度热情友好。通话结束时，要等对方主动结束谈话并主动说"再见"。如遇重要电话，要认真做好笔录，内容包括时间、地点、联系事宜及要解决的事等。

应该怎样正确使用电话的基本用语呢？下面就举一些例子来说明哪些用语是妥当的，哪些用语是不妥当的。

"喂！"——（不正确用语，下同）

"您好！"——（正确用语字体加粗，下同）

"喂，找谁？"

"您好，这里是××公司，请问您找哪位？"

"给我找一下××。"

"请您帮我找一下××好吗？谢谢！"

"等着。"

"请稍等一下。"

"他不在这里。"

"他在另一处办公，请您直接给他打电话吧，电话号码是……"

"我忘不了。"

"请放心，我一定按时照办（转达）。"

"你的声音太小了。"

"对不起，我听不太清楚，您能稍微大点声吗？"

通话时遇到突然中断的情况，作为接电话方要等待对方再次拨打进来，不要远离电话、不接电话或者接起电话后责备对方。

图 5-8 结束通话

按照电话礼仪的惯例,一般要由打电话者先挂断电话。所以在对方没挂断电话时,接电话一方不应主动挂断。尤其在与尊者或女士通电话时,要等对方先挂断电话后自己再挂,以示尊重(图 5-8)。

应该如何礼貌地中断通话在电话礼仪中十分重要,一般情况下,可有以下几种说法。

(1)告诉对方有另外一个比较紧急的电话打进来。
(2)告诉对方有客人来访,你必须过去招呼。
(3)告诉对方有急事要马上去处理。
(4)告诉对方领导正在叫你,不方便再继续通话。

另外,当两部电话同时响起,或者正在接听电话恰好另一个电话又打来时,可先向第一个通话对象说明原因,要对方不要挂电话,稍候片刻,然后立即去接另一个电话,待接通之后,先请对方稍候,或过一会儿再打过来,也可记下对方电话稍后打过去,然后继续接第一个电话。不管多忙,都不要拔下电话线。

三、代接他人电话礼仪

一般来说,接起电话时对方会主动介绍自己,如果没有介绍或没听清,就应该主动询问:"请问您是哪位?我能为您做什么?您找哪位?"如果对方要找的人就在旁边,你应该说:"请稍等!"然后用手捂住话筒,轻声招呼他人接电话(图 5-9)。不要拒绝为对方代找他人的请求,更不能以"他不在"为由终止通话。

图 5-9 代接电话

如果对方要找的人没在,应该告诉对方,并且礼貌询问:"需要留言吗?我一定帮您转告!"重要事项待对方讲完之后,还应该再重复一遍,以验证自己的记录是否准确,同时将自己的姓名告诉对方,让对方可以放心。电话记录应包括打电话者的姓名、单位、通话时间、内容、是否要回电话等内容。代接的电话要及时传达给当事人，千万不要小看这张留言条，它就像一缕温馨的春风，吹进当事人的心田。有一天这缕春风也会吹拂到你的身上，温暖你自己。礼仪是送给他人的礼物，也是送给自己的礼物。

一般而言，代接电话的人不应问清楚对方的姓名和要办的事后再告诉对方他要找的人不在，这样很容易让人产生误会，也有探听别人隐私的嫌疑。

四、使用移动通信工具的礼仪

（一）要安全使用

和平与发展是当今时代的主题，但不安全因素仍然大量存在，尤其在国际交往中，有些非法组织和个人使用窃密的工具，窃取移动电话中的信息资料。因此可以说，从保密的要求来讲，移动电话是不适合传递重要信息的。另外，要注意遵守安全规范。比如，开车的时候不接打手机，乘坐飞机时手机要关机，在加油站附近和医院病房之内不使用手机等。

（二）要文明使用

遵守公共秩序，不要在开会、上课、听报告、看电影时使用移动通信工具。不要在要求"保持安静"的公共场所，如图书馆、音乐厅、电影院、展览馆等场所使用移动通信工具。要养成手机改成振动或者静音甚至关机的习惯。不要让手机在大庭广众之中频频响起，更不要在人多之处接听电话。另外，手机有一些特殊的附带功能，比如发短信、拍照等。在使用这些功能时要注意，给别人拍照要先征得对方同意；发手机短信应该发有效、有益的信息，不可动辄给他人发黄色段子，开庸俗玩笑。

另外，当身处电梯中、车厢内、餐厅等空间比较狭小的地方时，尽量不要主动打电话与别人闲聊，否则其他人不得不被动地听你谈论个人的私事。如果是他人打进来，也应长话短说，并且尽量压低声音，减少对别人的干扰。

最后，当两人交谈时，如果此时手机响起，应当接起电话小声说"我现在正忙，一会给您回过去"，而不可任其一直在响（图5-10）；如果和长辈、领导交谈时，对方有重要电话，应当起身回避（图5-11）。

（三）要规范使用

跟使用座机是一样的，使用移动通信工具也要运用礼貌用语，通话声音适度，接打电话时不要妨碍到他人，以免引起反感。也不要拿着移动电话招摇过市，大声呼喊（图5-12）。

图5-10 小声回复

图5-11 回避

图5-12 使用移动通信工具的错误动作

第三节 微信礼仪

微信（WeChat）是腾讯公司于2011年1月21日推出的一个为智能终端提供即时通讯服务的免费应用程序，随着网络的发达和社会节奏的加快，微信成为全新的社交方式，也是现实生活中重要的沟通工具（图5-13）。微信交流，虽然不用面对面，但微信礼仪仍然至关重要。

图5-13 微信沟通

一、微信概况

微信的基本信息包括头像、名字、性别、微信号、二维码名片、个性签名、地址等内容（图5-14），在商务交流中对于对方是最直观的感受和印象。所以，基本信息的设置要符合自身的工作性质和行业规范。

头像要使用健康积极的照片，商务人员最好使用个人职业照作为头像，且照片不要过度修图与本人造成强烈反差；昵称也要符合商务人员的工作特点，最好用自己的名字，不适合用流行语、绰号或影视剧人物名字作为自己的昵称。商务人员的头像和昵称不要过于标新立异、哗众取宠。

二、申请添加好友礼仪

微信扫码添加好友时，按照商务礼仪的原则，应该是晚辈或下级扫长辈或上级的微信二维码，无论是晚辈还是长辈提出添加微信，都应该是遵循商务礼仪原则，以示尊重。

申请添加好友时，在申请框里要做自我介绍（图5-15），自我介绍往往决定了给对方的第一印象。自我介绍至少要包括姓名和工作单位，商务人员如果想和对方建立深度链接，可在自我介绍中加上电话和职责范围。

图 5-14　微信概况

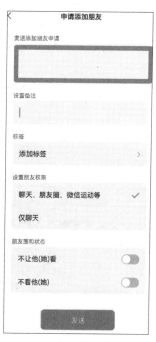

图 5-15　申请添加好友

当申请成功添加好友后，应在第一时间发微信问候。晚辈或下级应主动发微信打招呼问候，可以进一步自我介绍，介绍自己的专业或特长，加深印象，便于进一步合作交流。

添加好友后一言不发是不礼貌的。

三、发微信的礼仪

（一）发送微信要注意时间

和电话礼仪一样，在早上7点之前，晚上10点之后和午休时间，尽量不要给对方发微信。如有紧急或重要公务，可先微信问询对方是否方便，再打电话。

（二）微信商务交往不发语音

微信中的工作沟通不建议发语音，优先选择文字。在工作中很多场合都不方便收听语音（图5-16），而且语音交流很容易产生歧义，即使语音转文字也很难做到完全翻译准确。

（三）内容信息要完整清楚

发送的内容要事先编辑打好草稿，合并同类项和删除无关语言，不要发送碎片化信息（图5-17），尽量做到简洁、凝练，条理清楚。工作微信的正文可以参照事务性通知的写作模式，第一部分说明背景及目的，第二部分说明具体事项。

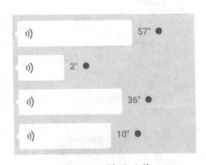

图5-16　错误示范

图5-17　错误示范

（四）慎用语音和视频电话

微信交流方便，节省了沟通的金钱成本，很多人喜欢用视频或语音电话，但语音电话无法保证通话信号，有时候通话中信号中断是一件很尴尬的事。如果是重要的工作内容，最好是打电话而不是语音电话。

不征询对方现在是否方便的情况下，直接打语音或者视频电话是失礼的（图5-18）。

图5-18　错误示范

（五）注意称谓礼仪

微信中，称谓要表达清楚对方的身份，并符合称谓礼仪原则。如果是给同事发工作微信，最好称呼具体人名，以示诚意和尊重；如果是给上级领导发工作微信，称谓最好表达为领导的姓氏加上他的职务。称谓恰当，沟通和传递信息的效果才会更好。

（六）文字信息用文字发送

如果是发快递地址或其他需要编辑的信息给别人，最好以文字的方式发给对方，而不是截图，文字方式更方便对方编辑。很多时候，把方便让给对方是商务礼仪的一个重要原则。

四、回复微信礼仪

（1）及时回复。及时回复他人的微信，是最基本的微信礼仪（图5-19）。如果没能及时回复，也要在方便的时候向对方解释原因，并表示歉意。

（2）回复内容的时候，不要过于简短。过于简短的回复会给对方敷衍和不情愿的感

图5-19　错误示范

觉。例如"嗯"和"嗯嗯"，同样的回答，却给人完全不同的感觉。叠词让人在沟通中感觉到气氛的愉快和睦，能够让人放松和愉悦。

工作中的回复要给对方踏实可靠的信任感，如以下回复：

"好的收到，我已经安排好了，请您放心"。

"这边已经在跟进，请放心，后续有什么相关事宜会及时跟您汇报"。

"明天的行程安排马上发给您，麻烦您看一下，如果有遗漏，我会马上补充"。

（3）选择合适的表情符号。聊天时适当加表情符号，会让人产生亲近感，更直观地表达自己的情绪，也能通过符号释放出你的善意和愿意与对方沟通互动的心意，活跃沟通气氛。当然，发表情也要慎重选择，避免引起误会，更不要刷屏，引起他人反感。

（4）推送他人的微信名片要事先征得同意，不要贸然推送。

（5）在微信交流过程中，如有别的事情要做，需要结束微信聊天，应有结束语，或告知对方有别的事要做。戛然而止结束交流，没有任何解释是不符合商务礼仪的，即使是网络中的聊天交流也要有始有终。

五、微信群礼仪

（1）建立微信群和拉别人进入微信群要事先征得同意，不要盲目操作。一般微信群会有固定主题，不要随意拉跟主题无关的朋友入群。

（2）不要公群私聊。微信群在某种意义上来说，也属于公共场合，要遵守公共规范。微信交流要契合微信群主题，不要在微信群里发送无关主题的内容，更不要刷屏。

（3）注意礼尚往来。比如微信群里发红包，很多时候是为了活跃气氛，不要只抢红包不发红包；如果不想发红包，也不要轻易抢红包。礼尚往来是商务礼仪的一条重要原则。

（4）不要在微信群里传播法律禁止的信息；不发暴力、色情、反动等违法内容和图片；不发八卦信息；不发暴露他人信息的截图；不宣泄不良情绪。

六、朋友圈礼仪

朋友圈是个人生活、工作和兴趣的写照，但现代社会的朋友圈，已经不仅仅是一个平台这么简单，在商业社会，它承载了对一个人个人品牌的塑造和维护，对于商务人员来说，也是一份隐形简历（图5-20）。朋友圈的内容发送要慎重，要符合商务人员的形象定位。

图 5-20　朋友圈

　　分寸感，是发朋友圈要注意的一个原则问题，不要在朋友圈过度曝光和炫耀自己，从另一个角度来说，这也会给自己带来安全隐患。

　　（1）评论或点赞是社交沟通的一种方式。很多人发朋友圈为了得到别人的认可，如果赞同内容观点，不妨热心点赞或评论，这也是拉近和对方距离的一种方式。当然，点赞或评论前要看清内容是否积极正向。

　　（2）不传播负能量。负能量是会传染的，当一个人在朋友圈发泄自己的负面情绪时，会直接影响或挑起别人的负面情绪，引发他人的抵触。

　　（3）不要随意发截屏信息。有些人在发朋友圈的时候，会把和别人的聊天记录发出去，直接泄露别人的信息，这是商务交往中非常忌讳的行为。所以要尊重和你聊天的朋友的个人隐私，不要随意截屏发朋友圈。

　　（4）不要频繁发广告和业务宣传，这对别人是一种干扰，引发反感，同时也是对个人和企业信用的透支消费。

　　（5）发朋友圈的内容要慎重。不要传播违反法律和违背社会主义价值观的内容，不发涉及国家和工作单位机密的内容，不传播谣言，不发庸俗的内容。

 本章小结

　　与人交谈是一种即时的行为，随时都有预想不到的事情发生，因此有关交谈的礼仪要求和内容可以说条目繁多。在交谈中要懂得灵活运用，只要你敢于实践总结，就一定可以帮助自己更好地塑造自身的形象。同时，也可以为自己未来的生活、事业增添一分快乐与成功！

 本章思考题

　　1. 如何做一个受欢迎的人，谈谈自己的看法。

　　2. 张明是刚刚认识的新朋友，他是商务韩语专业的学生，你认为如何交流才能给对方留下良好的印象，给大家做个示范。

3. 接电话的时候遇到对方打错电话的情况,应该怎么做?
4. 给长辈打电话要注意哪些问题?
5. 申请加对方为微信好友时,你会如何做自我介绍?

 实战训练

1. 以小组为单位(两人或两人以上),设定一个环境进行交谈礼仪的练习,内容自定,教师和其他同学评价每个同学在交谈中的表现。

2. 王宁去参加一家大型旅行社的面试,他很重视这次面试,反复练习面试可能提问的问题,还特意买了新的西装。面试时,王宁对答如流,表现出出色的沟通能力和业务能力。但就在此时,他的手机响了,铃声很大,谈话不得不中断。王宁感到很懊恼,拿起电话生气地说了声"一会儿再打!"便挂断了电话。最后,王宁没有被录用。面试的经理说:"这件小事暴露了他个人修养方面的缺点,我希望我们的员工素质是全面的,而不仅仅是一个在面试表现良好的人。"

如果你是王宁,你当时会怎么做呢?

 课外知识

如何塑造高价值微信形象

微信形象是个人品牌最大的广告,因为你不可能与每一个好友见面,很多人都是通过你的微信形象来认识你的,你的微信形象在别人心目中就是你的全部形象。

拍摄一张拿得出手的头像

微信好友越多,你的头像就越重要,他们会通过你的想法判断你的专业性,通过你的头像判断你的个人品位和专业度,并且通过头像判断是否要和你做朋友。商务头像一般是个人的真人照片,因此,你应该去找一个专业的摄影师,好好地拍一张拿得出手的照片。

打造一个"你就是我想要找的人"的个人标签

很多人的个人标签仅仅是一个名字,但是通过这个名字,别人并不知道你是做什么的。加上标签能告诉别人你是谁,你是做什么的,你有什么价值。微信标签是曝光率最高、最容易被人看见的,是与别人交往的个人名片。

写标签一定要根据自己的专业定位来写,最常见的是名字+定位。通过这种标签,别人一眼就能看出你的价值和专业领域。不断告诉别人你是谁,最初是一种信息的传递，时间久了就成为一种能量的传递。

设计一张"过目难忘"的微信背景图

微信背景图，这是很多人都会忽略的地方。微信背景图其实是一块重要的广告牌，是可以传播大量个人信息的广告牌。一个刚认识你的人，加你微信后的第一件事可能是点开你的朋友圈，第一眼映入眼帘的就是朋友圈背景图，包括背景照片、背景文字和个性签名三部分。

微信头像、个人标签和背景图是个人品牌在微信里的最佳广告位，让别人一眼看到你是谁，将为你节省大量的沟通成本。

资料来源：王一九. 从 0 到 1 打造个人品牌 [M]. 北京：电子工业出版社，2020

第六章
商务往来礼仪

会议添水礼仪微课

学习目标

1. 掌握商务活动中尊位的确定方法，掌握商务场景下的位次礼仪。
2. 掌握商务接待的原则和具体注意事项，体现个人和企业的商务形象。
3. 掌握商务拜访的礼仪规范，做彬彬有礼的客人。

技能要求

1. 在商务接待和拜访活动中言行举止规范，塑造专业得体的形象。
2. 熟练并灵活掌握商务活动中的位次礼仪，在实际操作中能够统筹兼顾，体现出对对方的尊重和友善。
3. 不管是承担接待还是拜访工作，都要注重细节，以人为本，照顾对方感受，做文明有礼的商务人。

> **案例导入**

1962年,周恩来总理到北京西郊机场为西哈努克亲王和夫人送行。亲王的飞机刚起飞,我国参加欢送的人群便散开了,各自找车准备返回,而周恩来总理这时却依然笔直地站在原地未动,并要求工作人员立即让那些上车的同志回来。这次周总理发了脾气,狠狠地批评:"你们怎么搞的,没有一点礼貌!各国外交使节还在那里,飞机还没有飞远,客人还没有走,你们倒先走了。大国这样对小国客人不是搞大国主义吗?"

当天下午,周总理把外交部礼宾司和国务院机关事务管理局的负责同志找去,要他们立即在《礼宾工作事例》中加上一条:送行者今后到机场为贵宾送行,须等到飞机起飞,绕场一周,双翼摆动三次表示谢意之后方可离开。

第一节 接待礼仪

商务接待活动是指对来自上级、同级、客户以及其他组织的来宾进行接洽与接待,是一种公共关系职能的具体活动。商务接待是商务人士的一项重要工作内容,在商务活动中,迎来送往是商务交往活动中最基本的形式和重要环节,是表达主人情谊,体现礼貌素养的重要方面。热情、得体、规范的接待会让客人高兴而来,满意而归,为后续的商务活动打下坚实的友谊基础。

一、接待的原则

(一)热情友好

接待人员对来宾的热情问候以及谦和的态度能消除来宾的陌生感和恐惧心理,营造一种良好的交往氛围,让来宾产生宾至如归的温暖感,从而留下一个良好的第一印象。

(二)细致周到

接待工作讲究细节,注重成效。重大的接待工作更容不得半点马虎,必须处处留心、周密考虑、谨慎行事。要制定出符合来宾身份的接待工作方案和实施细则,包括详细安排接站、用车、就餐、住宿、参观等各项活动事宜,充分考虑到各方面的细节。接待工作人员还要学会"意识超前,眼观六路,耳听八方",做到周到服务。

(三）身份对等

接待工作讲究身份对等。在接待来宾时，要兼顾对方的身份、来访的性质以及双方关系等诸因素，以便使来宾得到与其身份相称的礼遇。

(四）保持边界

保持边界是要求人和人打交道的时候保持适当的距离。距离产生美感，适当的距离也体现了对对方的尊重。接待来宾既要让人感到舒服，又必须注意不要"用力过猛热情过度"，超出边界反而会使来宾感到不适或尴尬。适度的礼仪应该是谦虚有礼、真诚自然、不卑不亢、以礼相待。

二、接待的种类

（一）按照接待对象的不同划分

依据此划分标准，接待可分为一般接待、贵宾接待和外宾接待。大多数的商务接待都属于一般接待，这种接待要特别注意热情、礼貌。贵宾接待因被接待者身份尊贵，在接待过程中更需要精益求精，优化接待流程，力求接待活动效益的最大化。外宾接待则要注意双方文化上的差异，要充分考虑外宾不同的宗教信仰和民族习惯。

（二）按照来宾人数的多少划分

依据此划分标准，接待可分为个体接待和团体接待。在接待程序上两者并没有很大的差别。但是团体接待除了要照顾到每个团体人员个体的需要外，还要考虑团体成员之间的身份差别，分清主次，在姓名排序、入场前后、作息安排等方面适当体现职务的高低。

（三）按照接待地点的不同划分

依据此划分标准，可分为家庭私人接待和公共场合接待。其中家庭私人接待的对象多是主人的亲朋好友，与主人关系比较亲密。

三、接待准备

商务人员要做好各项接待工作，要在宾客到来之前未雨绸缪，考虑周到，做好充分的计划和准备。

（一）接待室的准备

接待室的准备可以分为环境准备和物质准备。环境准备包括室内温度、光线、气味及接待室内外布置等外在的客观条件。接待室要保持清洁、明亮、整齐、美观，让客人感觉有条不紊，充满生机；室内照明要柔和明亮，保持肃静安宁；室内通风与空调设备调整到最佳。接待室的环境好坏，对人的行为和心理都有影响。

物质准备方面，接待室应该提前准备好计算机、投影仪、音响、话筒、纸笔、会议材料、席位卡、茶水和水果等，设备需要提前调试好，保证万无一失。在有些重要接待中，还要准备横幅和鲜花。

双边或多边座谈座次的准备非常重要，要符合位次礼仪。位次礼仪是指在重要的场合对出席者按一定的原则和惯例进行排序的行为规范，常因活动场合、性质等条件不同而改变，需要在把握排序原则的基础上，灵活对待。

1. 面门为尊

座谈会、研讨会或主客双方的见面会等一般安排在会议室，会议桌如果是长条形或椭圆形，主方和客方相向而坐。以门外为参照物，则应让客方坐在面对门的位置，主方背门而坐，这样的方位安排便于客方统揽全局，有安全感，是为尊位（图6-1）。

2. 远门为尊

在大型会议或宴会中，如果有多张会议桌或宴会桌排列，需要遵循的位次原则之一是远门为尊，即离门越远，越不易受打扰，是为尊位（图6-2）。

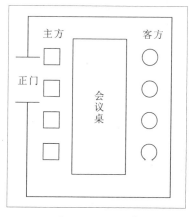

图6-1　面门为尊

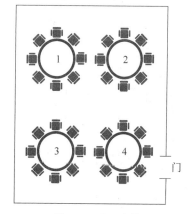

图6-2　远门为尊

3. 居中为尊

居中为尊也就是在方位上强调中心，中央高于两侧，是国际惯例之一，便于突出核心人物的主体地位，是一种荣耀和礼遇。不仅适用于多种会议桌和宴会桌排序，也适用于单排、单列或群体中主要人物的排序（图6-3）。

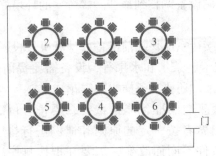

图6-3　居中为尊

4. 观景为尊

如果会议室里有一面观景窗，窗外是美丽的风景，在这种情况下，应该请客人坐在面对风景的一边，便于欣赏，这是位次礼仪的第四条原则：观景为尊。坐在面对着风景的一边，可以让客人得到更多的愉悦并感受到更多的尊重（图6-4）。

5. 以右为尊

以右为尊是最通行的国际惯例，当今社会的五大场合（国际场合、外交场合、商务场合、公共场合和宴会场合）都遵循以右为尊。在有些场景下，"右"的方位是动态的。如果会议室的门在中央，对面是墙壁，那么保持进门的朝向不变，右手边即为会议室的右边，是为尊位（图6-5）。

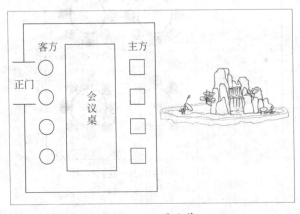

图6-4　观景为尊

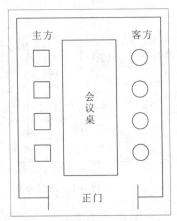

图6-5　以右为尊

6. 以左为尊

在中国五千年的文化发展过程中，绝大部分朝代遵循以左为尊的原则，极少数朝代以右为尊。因此，笼统地说，中国传统文化是以左为尊的，当今社会的官方政务、公务层面，遵循的是以左为尊，比如主席台成员的排序，分为单数（图6-6）和双数（图6-7）两种情况。

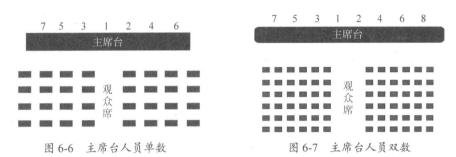

图6-6　主席台人员单数　　　　图6-7　主席台人员双数

一般来说，对立性比较强的会见，比如谈判或者文字讨论性的会见，以面对面的长条桌式布置为好；彼此比较熟悉、友好，或者礼节性的会见，以肩并肩的沙发式布置为好（图6-8）。

图6-8　会见

在商务活动中，位次的排列往往备受人们关注。因为位次是否规范、是否合适反映了商务人员自身的素养、阅历和见识，又反映了对交往对象是否尊重。细致、统筹兼顾地安排位次，可以拉近距离、增进友谊、融洽气氛、促进工作。

（二）制订接待方案

在商务活动中，对前来访问、洽谈业务、参加会议的客人，作为公司负责接待的工作人员，要做好提前准备，制订接待方案。在接待方案制订好后，报送企业领导予以审批。要做出一个好的接待方案需要考虑以下几个内容。

1. 了解接待对象的情况

接到来客通知后，要尽快掌握宾客的基本情况，熟知来访者的意图和要求,尽可能搜集各种背景资料。掌握来宾的基本情况,如对客人的人数、身份、工作单位、级别、性别、姓名、职业,客人来访的目的、要求、时间长短等因素做一个周到的了解。事前有所准备,是做好接待工作的基础。

2. 确定接待规格

接待规格是指接待工作的具体标准,其基本内容包括接待规模的大小、主要陪同人员职务高低以及接待费用的多少等,一般分为高规格接待、对等接待和低规格接待三种形式。

3. 拟定活动日程

拟定活动日程,即根据接待对象的来访目的、日程安排等确定其在来访期间的各项活动的时间安排,接待人员要周密部署,安排好下列四项内容。

(1)接待的日期和具体的时间。

(2)具体的接待活动内容及每一项活动的具体时间安排,如确定主持人、介绍重要客人、组织领导或重要客人致辞、安排合影和重要客人留言题字等。

(3)确定各项接待、活动的场地,如接待室、休息室、住宿地点、会议场所和宴会地点等,还要备好各场地所需的音响、照明设备、录像机和花篮等。

(4)接待人员的各项工作安排。一般陪同、接送、剪彩、留言和题字等活动都要制定活动日程预先安排专人负责。

4. 费用预算

接待人员应以接待计划为基础,提前做好接待费用预算。一般费用预算包括招待费、食宿费、交通费、材料费和纪念品等。接待人员最好估算出大体数额,以便领导审批、申领费用等。

5. 其他事项计划安排

在接待计划中,还应体现其他工作安排,如迎送安排、现场接待、生活安排、安全保卫、宣传报道或纪念品等,接待人员应仔细斟酌来宾情况并作出合理的计划安排。另外,还要做好处理突发事件的准备,如客人迟到、恶劣天气、突发疾病或疫情防控等,提前制定应急预案。

(三)接待人员的心理准备

商务人员进行接待,要做好适当的心理准备。接待的基本要素是诚心诚意,待人接物应热情开朗、和蔼可亲且举止大方。

(四)接待人员的形象准备

接待人员代表了企业的形象,应塑造自身的良好形象,关注自己的仪容、仪表、仪态，还要注意个人气质的培养和个人修养的提高。良好的工作形象是由内而外的综合表现，也是企业文化最直观、最生动的宣传。

四、迎宾礼仪

"有朋自远方来，不亦乐乎？"迎宾工作是整个接待工作的开始，也是给客人留下良好第一印象的基础。为使来宾能感受到主人的友好和重视，接待人员要重视来宾，要热情、周到地迎接他们，使来宾感受到亲切、温暖，身心放松。

（一）迎宾礼仪

对前来访问、洽谈业务、参加会议、学习参观的来宾，应先了解其到达的时间和地点。选派迎宾人员前去迎接，应根据来访者的身份、地位、人数来明确迎宾人员。大体的原则，一是身份要基本相当，二是人数不宜太多，并且迎宾人员要分工明确，各司其职。必要时，迎宾人员要带接站牌或者迎宾标语。

一般情况下，迎宾人员要事先规划好行车路线，计算好路程事件，提前在迎接地点等候，在商务礼仪中，守时是最基本的礼仪。

（二）问候礼仪

接到来宾后，应致以问候和欢迎，同时做自我介绍。问候语要热情得体，并致握手礼，递送名片等。

（三）待客礼仪

待客之礼中，敬茶是最起码的礼貌。如果有选择，应告诉客人都有哪些茶，征询他们的意见。倒茶的时候，要掌握好水的位置，礼仪上有"浅茶满酒""茶满欺人，酒满敬人"的说法，一般倒入杯中七八分满为宜。

奉茶要用双手。端茶可以使用托盘，从客人右后方奉茶的时候提示对方"对不起，打扰一下"，放下茶后说"请用茶"，同时用手势示意。如果茶杯有杯耳，将杯耳转到右侧，方便客人握杯。

续水时，如果是带盖的杯子，用左手的无名指和小拇指夹住并快速翻转杯盖，将水珠沥在杯中，用左手的大拇指、食指和中指端起茶杯，右手续水。

如果使用一次性杯子，最好同时使用杯托，对重要客人要使用有杯盖的瓷杯，同一批客人都要用同一种杯子。

招待茶点时，最好把茶点放在托盘里，再送到客人面前或客人左前方。

五、送客礼仪

俗话说:"迎客迎三步,送客送七步。"在商务活动中,作为接待人员,做好送客工作,是一个漂亮的收尾,从而给客人留下一个完整、完美的印象。

如果是贵宾、远客,应送至停车场、车站、码头或机场;如果是一般性接待,可送至门外、电梯口或大门口。送客时,不要频频看表,更不要表现出不耐烦。在任何场地送别客人时,都要目送对方直至远去。

第二节 拜访礼仪

商务拜访是重要的商务社交活动,它可以联络感情、交流工作和增进友谊。拜访作为商务交往活动,能起到加强联系、促进交流、沟通思想和增进感情的作用,是一种礼节性很强的社会活动。

拜访一般有事务性拜访、礼节性拜访和私人拜访三种。按拜访地点不同,可分为到客人家拜访、到客人活动场所拜访、到客人公司拜访等。无论何种拜访,要成为一个受欢迎的拜访者,都必须遵循一定的礼仪规范和要求。

一、拜访前的准备

(一)事先预约

拜访客人,提前预约是最基本的礼节,以便对方安排日程。临时突然拜访,可能打乱别人正常的工作和生活秩序,给别人带来诸多不便。

要预约拜访的时间、地点和人数,最好由对方来定,并协商决定拜访大概持续的时间。

(二)做好相关准备

为了使拜访所要表达的内容准确全面,事先应该列一个提纲,还要准备好建议书、协议备忘录、单位介绍信等书面资料;也要了解对方公司情况,了解其经营理念、交易历史、企业文化等,以做到心中有数。

商务拜访一般会交换名片,拜访他人时,提前准备足够的名片并放在名片夹或西装上衣内侧口袋中。同时,商务人员要对自己的仪容仪表、仪态举止做好准备,干练、专业的个人形象会给对方留下良好的第一印象。

二、拜访礼仪

（一）准时赴约

拜访要严格遵守约定的时间，一般提前15分钟到达目的地，稍做准备。不要提前太早，否则会让对方措手不及，出现令双方尴尬的局面。如果确实有特殊情况不能准时到达或需要推迟拜访，应及时通知对方并表示歉意。

（二）等待接见

当拜访者到达约定地点后，一般要经过通报后再进入。等待接见时要有耐心，也要注意礼仪。在等待的过程中，不要四处走动，东张西望，尤其忌讳的是擅自观看主人的物品、翻阅主人的资料，这样会让人产生反感、引起怀疑，给对方留下不好的印象。

（三）礼貌登门

到他人办公室或家中拜访，如果门是敞开着的，也应敲门或以其他方式告知主人，当有人应声允许进入或出来迎接时方可进入，切不可不打招呼自行闯入。如果门是关着的，有门铃的先按门铃，没有门铃的再敲门。

（四）问候礼仪

商务拜访时，一般是拜访者主动向对方问候打招呼，问候应热情大方，简单做自我介绍，同时和对方握手、递送名片。

（五）交谈礼仪

拜访要想取得良好的效果，好的开场白是成功的一半，开场白可以营造一个让人感到轻松、自然的环境。谈话切忌啰唆，简单的寒暄是必要的，但时间不宜过长。当对方发表自己的意见时，要礼貌倾听，随意打断对方讲话是不礼貌的行为。如果双方意见产生分歧，不能急躁，要时刻保持沉着冷静，注意交谈技巧和艺术，避免破坏拜访气氛，影响拜访效果。

（六）适时告辞

在商务拜访中时间观念很重要，谈话时间不宜拖得太长，否则会影响对方其他工作的安排。如果双方在拜访前已经设定了拜访时间，则要把握好已规定的时间；如果没有对时间问题做具体要求，那么应言简意赅，表达准确，适时告辞。

告辞之前不要显得急不可耐，应先讲一段带有告别之意的话，或是在双方对话告一段落，新的话题没有开始之前，提出告辞。辞行时，应向主人和在场人士挥手道别或点头致意，应对主人的款待表示谢意。出门后应主动请主人留步，礼谢远送。出门一段距离后，应回首再向送行的主人致意，不可匆匆离去。

三、拜访后续礼仪

拜访之后的后续跟进是锦上添花的环节。在拜访之后可以写一封得体的感谢函，感谢对方的款待；也可以发微信表达拜访的收获与感谢，为后续的商务合作做好铺垫。

本章小结

随着市场经济的发展，商务往来活动日益频繁，商务礼仪在经济活动中所起的作用越来越重要。商务接待是商务人士的一项重要工作内容，在商务活动中，迎来送往是商务交往活动中最基本的形式和重要环节，是表达主人情谊、体现礼貌素养的重要方面。通过热情、得体、规范的接待感染来访者、尽地主之谊，为客人提供方便，热情相待，让客人高兴而来，满意而归，是密切往来增进感情的有力保障，也是事业蓬勃、人情练达的标志。

本章思考题

1. 商务接待的原则有哪些？
2. 商务接待中，座次的安排有哪些遵循原则？
3. 商务接待人员的接待准备包括哪些？在个人的形象准备上要注意哪些细节？
4. 商务拜访中的事先预约，要预约商榷哪些方面的内容？
5. 商务拜访的后续礼仪指什么？

实战训练

李响和王立是大学同学，毕业后分别进入A和B两家贸易公司。李响是A公司的销售部经理，将陪同公司总经理林总到B公司拜访，王立是B公司的办公室主任，负责接待林总一行。

选出6名同学进行展示，分别扮演A公司总经理林总、销售部经理、B公司徐总、办公室主任、办公室工作人员和旁白，时间控制在10分钟以内，从接待礼仪和拜访礼仪两个维度进行评分。

课外知识

在古代中国,"以左为尊"还是"以右为尊",不是一成不变的,朝代不同,树立左右尊卑的观念和规矩是不同的,它们经历了多次演变。

上古时代人们居室坐北朝南,以南方为上方,北方为下方,左手为东方,右手为西方——太阳从东边升起、西边落下,因此很自然的,崇尚左为阳,为吉;右为阴,为凶。

《史记·魏公子列传》里说,魏公子无忌驾车去请隐士侯嬴,"坐定,公子从车骑,虚左,自迎夷门侯生"。车上空着左边的尊位,等待侯嬴就座。虚左,如今已经成为我们常用的成语"虚左以待"。《史记·廉颇蔺相如列传》:"既罢归国,以相如功大,拜为上卿,位在廉颇之右。"于是廉颇愤愤不平,以相如位在其右为耻,欲辱之,后来才有了将相和的典故。

李白有诗《闻王昌龄左迁龙标遥有此寄》:"杨花落尽子规啼,闻道龙标过五溪。我寄愁心与明月,随风直到夜郎西。"此题中"左迁"指贬谪,乃用唐代习惯语,是以右为尊。

中国古代是等级森严的阶级社会,左右及位次的尊卑无时不体现在帝王将相以及百姓的生活中。

第七章

馈赠礼仪

学习目标

1. 掌握人际交往中必需的馈赠礼仪原则。
2. 理解礼品的选择、赠送、接受时的各种讲究与禁忌。
3. 学会恰当地选择礼品。

技能要求

能够礼貌得体地赠送他人礼品，不失礼仪地接受或拒绝他人赠送的礼品，对于不同的交往对象运用不同的礼仪技巧，更好地达到人际交往的目的。

👉 **案例导入**

小杨入职一家公司后,参加部门的集体聚餐。一进包间,见大部分同事没到,满头大汗的小杨赶紧找了个离空调最近的座位坐下凉快,同事给他倒茶,他连喝了好几杯并表示感谢;上菜后,小杨见有自己最喜欢的海鲜,不停地把这道菜转到自己面前,吃了大部分;由于每次塞嘴里食物太多,他和旁边同事边吃边聊天时,好几次不小心把饭粒带出来。

部门经理敬完酒后,小杨站起来,热情洋溢地说:"初来乍到,请多关照,我敬大家一杯!"由于还约了朋友下午打球,小杨吃饱后便向大家致歉先行告辞。

经过一段时间的相处后,小杨发现同事们对他避而远之,不愿意教他业务上的知识,请问,这是为什么呢?

第一节　礼品的选择

馈赠,是我国民族传统文化中一项不可或缺的重要内容。礼仪与礼品之间有着某种联系。一般来说,馈赠礼节处理得好,对增进感情、牢固友谊、调节气氛有着不可取代的重要作用。

下面介绍选择礼品的三个原则。

一、情感性

礼品是情感和心意的象征物,适宜的社交礼品表示了送礼人的一片心意。相传唐代贞观年间,地方少数民族官员派使者向大唐皇帝进贡一只他们认为珍贵吉祥的白天鹅。当使者走到湖北沔阳地区时,想给天鹅洗个澡,使它看起来更加干净美丽。可一不小心天鹅飞走了,手里只剩下一片鹅毛。但这位使者仍不远千里,将鹅毛送到唐都长安。唐太宗十分嘉许,赏赐了使者大量的礼物。这就是中国俗语"千里送鹅毛,礼轻情义重"的由来。

馈赠他人礼品,富有自己民族特色、地方特色、家族特色和个人特色的产品往往是不错的选择。鲜花是适应面最广的礼品,但是应了解常见花卉的花语,不可随便送,以免引起不必要的误会或麻烦。譬如,玫瑰表示爱情(图 7-1),百合表示纯洁,水仙表示尊敬,康乃馨表示温馨(图 7-2)等,在赠送礼品时要提前询问清楚。

在国际交往中,馈赠他人礼品应注意民族喜好和个人喜好。譬如,给意大利人送菊花,给日本人送荷花,给法国人送核桃,这都肯定会引起对方的不

图 7-1　玫瑰　　　　　　　　　图 7-2　康乃馨

快,因为他们民族以此为不祥之物。总之,在选择礼品时切不可草率从事,最好从侧面了解对方的兴趣爱好,如果能有一点针对性,效果一定会更好,更能拉近彼此的距离。

当然,赠送他人礼品,在体现情感性的初衷上,也可以选择具有实用性的物品。这既能象征深情厚谊,又具有一定使用价值。例如,特色食品、日用品、装饰品、玩具等常常被人们纳入礼单的选择范围。

二、对象性

首先,选择礼品时要做到投其所好。虽然送何种礼物,从一定意义上说是由送礼人决定的,只要能表达心意就可以。但是,送礼要达到良好的效果,就必须考虑对方的兴趣爱好,即"投其所好"。如果你送的礼品,在收礼人打开礼包的一瞬间能收获一份惊喜,那这份礼就算送成功了。

其次,赠送他人礼品前要充分考虑礼品的价值轻重。礼物之轻重要以对方能愉快地接受并且不会产生心理压力为尺度。一般来说,在涉外交往中礼品不必花费太大,更不必太贵重。太贵重了,反会引发受礼者"重礼之下,必有所求"的猜测。按照国外的惯例,在送礼上应是"宜轻不宜重",只要表述送礼人的一番心意就可以了。

最后,赠送礼品要符合对方的身份、个性、年龄等特点。亲属和朋友之间是接触频率最高、感情最深厚的交往对象,因此,亲朋之间的馈赠应当注意以下几点。

(一) 晚辈给长辈赠礼

在给长辈送礼之前,最好了解清楚老人的身体状况,切忌盲目送礼。例如,如果老人喜欢烟酒类,而且血压不高、身体健康,送烟酒当然会使老人高兴。但是,如果老人患有高血压等疾病,这就是极不适宜的,不如实用物品更能满足需求。

（二）长辈给晚辈赠礼

长辈给小辈送礼物时，要考虑小辈的年龄、兴趣、德智体的发展情况等。对于学龄期的小朋友，智力玩具、学习用品为佳，各种体育用品、书籍等也是不错的选择。朋友之间送礼物时，可考虑经济情况，尽量选择实用的物品，以生活必须为原则。

（三）平辈之间的赠礼

在兄弟姐妹、同学朋友之间，互赠礼物是一种普遍地用于增进感情、表达关心体贴的重要方式。这里简单介绍比较常见的婚庆礼品、生日礼物的选择。

1. 婚庆礼品

婚庆礼品的选择根据双方的交情深浅因人而异，一般可以赠送的礼品有以下几类。

（1）花束、花篮、盆栽类，现代气息浓厚，喜庆浪漫。

（2）家用电器等实用物品，适用于自己的知己好友。

（3）赠送现金，礼金不论多少都代表情意，习惯上需要双数。

（4）贺函、贺电类，适宜于异地的亲朋好友结婚，不能亲自前往道贺的情况，可邮寄礼品以表心意。

2. 生日礼物

俗话说"礼物轻如针，情意似海深"，一份小小的生日礼物，无论是长辈、父母、孩子、夫妻，还是同事、同学，在对方生日的时候送上一份礼物略表祝贺，无疑能够增进双方的感情。一般来说，给父母生日赠礼，最好送上表示祝福他们幸福、健康、长寿的礼物，譬如寿桃等；给自己的孩子或者朋友的孩子过生日，儿童玩具、学习用品等都是不错的选择；夫妻之间可不必太贵重，只要是对方喜爱的就好，当然出乎意料的礼品就最好不过了。

三、禁忌性

一次，国内有一家旅行社在接待一个欧洲团时，特意从杭州订制了一批纯丝的、绣有菊花图案的手帕送给他们，以表示热情和友好。没想到客人接到手帕后议论纷纷，显出十分不高兴的样子。特别是一位夫人，情绪非常愤慨，大声喊叫，接待人员大惑不解。

其实，这就犯了赠礼的"禁忌"，这里所说的"禁忌"，一是指人们普遍禁忌的东西，比如人家新婚，你送去的是素白的花束，那很可能引起对方的不高兴。又如，给异性亲友送点衣物是可以的，也是正常的，但如果送贴身穿着的衣物或用品，那就是为礼仪所不允许的，很可能闹出不必要的误会来。二是指有个体特质的犯忌，有些人十分忌讳黑色，你却送去黑色的物品，那就很可能为此引起不快。

"百里不同风，千里不同俗"，一个国家更有自己的风俗习惯。一些西方国家在亲朋好友告别时才送手帕，意为"擦掉惜别的眼泪"。而欧洲团客人刚到达，你就送人家手帕引起误会，别人怎么能高兴呢？更重要的是，在中国，虽然菊花素有"花中君子"之称，但在客人本国则象征悲哀和痛苦，客人怎能不气愤呢？

这些都告诉我们，赠送礼品时必须考虑禁忌性的特点，包括其民族禁忌、宗教禁忌、心理禁忌、习俗禁忌等。比如，送钟与"送终"谐音，那么给老人送礼物时要特别注意不要送钟；给中国香港人不要送茉莉、梅花，因为茉莉的谐音是"没利"，梅花则是"倒霉"的花。

第二节 礼品的馈赠

一、礼品的挑选与赠送

（一）礼品的挑选

礼品可以分为两种：一种是可以长期保存的，如工艺品、书画等；另一种是保存时间较短的，如食品、鲜花等。礼品的选择是一门艺术，无论礼品是送个人还是集体，都要选择合适的礼品，这样才能更好地表达送礼人的心意。

1. 考虑礼品的意义

在挑选礼品时一般要充分考虑到礼品的象征意义。在此举一个尽人皆知的例子，1972年，日本首相田中角荣赠送给我国的1000棵日本大山樱花树，希望中日两国的和平友好关系可以长久流传。第二年当樱花盛开时，周总理就让人将几片樱花送给田中首相，寓意着中日友好关系已经开始开花。这样的礼物既能很好地表赠礼的象征意义，又达到了赠礼的目的。

2. 其他考虑

挑选礼品时还要考虑赠礼的场合、受礼人的接受程度、民族禁忌、礼品的赠送对象、礼品的观赏性和实用性等。总之，礼品的选择是一项非常复杂、敏感和困难的过程。可以说，它是一个人社交能力的试金石，也是礼仪知识的度量表。

（二）礼品的赠送

精心选择的礼品，如果不讲究赠礼的礼节与技巧，也很难达到应有的效果，甚至有可能事与愿违。

1. 精心包装

为礼品施以精美的包装，能使礼品显得更加高雅脱俗，令受礼方感到送礼人的在乎和郑重其事。"杜邦定律"告诉我们，市场上63%的消费者是根据商品的包装来选购商品的，包装对物品价值的显现和增值起着很大的作用（图7-3）。

图7-3 礼品的包装

2. 送礼时间

赠送礼品的时间要兼顾两点。一是具体时机，一般而论，赠送礼品的最佳时机是假日、节庆日等。二是具体赠礼时间，当我们作为客人拜访他人时，最好在双方见面之初向对方送上礼品，所谓的"见面礼"；当我们作为主人接待来访者时，则应该在客人离去的前夜或者举行告别宴会上，把礼品赠予对方。

3. 注意场合

应该说，送礼是很个体化的事情，带有一定的私密性。送礼一般是到家中送，切忌当着外人送，更要避免在公共场合送礼。

4. 表现大方

现场赠送礼品时，要举止大方，态度友好，神态自然，不可神神秘秘。

5. 言辞得体

无论是私人交往，还是商务往来，送礼的理由都应该是合情合理的，或感谢或祝贺或慰问或留念等。送礼时要表明自己的热情和诚意，认真介绍礼品的寓意，说几句吉祥话必不可少。如送生日蛋糕时，不妨把蛋糕上的祝福词念给对方听一听，让对方明白你的情意。

二、礼品的拒收与接受

（一）拒收礼品

作为受馈的一方，首先要判断礼品应不应该接受。一般而言，违法违禁物品、金钱和其他贵重物品，如汽车、住房、黄金、珠宝等不应接受。

拒收对方礼品时应注意以下几点。

1. 态度坚决、坦率拒绝

坦率但委婉地向对方讲明不能接受的理由和原因，如国家政策法规、企业制度规定等。

2. 像对方表示感谢后，婉言谢绝

中国人讲究面子，直接拒绝显得不近人情，要让对方有台阶可以下。譬如，有人为了赢得你的好感，送你贵重的汽车、金项链或戒指等，你可以礼貌地向对方说："谢谢你，不过我已经有了。"（图7-4）

图7-4　拒收礼品

3. 拒收礼品最好当场进行

一般情况下，拒收礼品应该当场进行。由于特殊原因而不能当场拒绝对方时，一定要将礼物及时地退还对方，并向他解释自己退回的理由。

（二）接受礼品

对于可以接受的礼品，应当坦诚地欣然接受。接受礼品的礼节应该注意以下几点。

1. 礼貌地欣然接受

无论礼品的轻重贵贱，首先都要真诚地表示感谢，因为这是对对方的尊重。接受礼品时要大大方方，面带微笑并且双手接过（图7-5）。就算礼品不够称心，也不能当着对方的面流露出来，要将礼品小心地放好，切不可随手丢在一边，这是对他人的不尊重，也不可一只手接礼品，这也是不礼貌的表现（图7-6）。

图 7-5 双手接过礼物

图 7-6 接受礼品错误动作

2. 适当地赞赏感谢

在日本、新加坡、韩国、中国和马来西亚,传统的做法是,受礼人接到礼品后不当着送礼人的面打开,以表示他们重视的是送礼这一项活动而不是礼品本身的贵贱,但是要充分表明自己对礼品的喜爱,感谢对方的好意。需要注意的是,对于较有特色的礼品,特别是工艺品等,一般要按西方的礼节,当面拆开包装并加以赞赏,表明你既重视对方,也重视对方赠送的礼品,切忌对礼品说三道四、胡乱挑剔。

3. 适时地再致谢意

收到礼品后,最好在一周之内向对方再次表示感谢。与送礼人相见时,也不妨适时地告诉对方,他送的礼品自己经常使用,或自己非常喜欢等,也可准备一份小礼物回赠给对方,这样深化感情,起到进一步促进友好交往的作用。

 本章小结

礼仪是一个含义丰富的概念,它包括了在日常交往活动中的各种人际交流技巧,涵盖了交际活动的方方面面。馈赠礼仪只是人际交往礼仪中很小的一个方面,这些礼仪的理解与掌握在一定程度上依赖日常生活实践。因此,只要在交往中,对于馈赠礼仪用心留意与应用,就能日渐一日地提高自己的交际能力。

 本章思考题

1. 用花卉传达情意,温馨而浪漫。你了解哪些花语知识呢?
2. 你准备选择什么时机看望亲友和师长等?

实战训练

两人一组，提前设定好各自的身份、地位、环境等条件，分别模拟赠送礼品一方和接受礼品的一方，练习过程中注意馈赠礼仪的基本原则，教师和其他同学给予评价。

 课外知识

一份不同寻常的国礼

2014年9月，彭丽媛夫人陪同习近平主席访问斯里兰卡，此次出访，中方重要的一项内容是派遣厦门眼科中心医疗专家组在访问期间参加"爱的回馈——中斯友好光明行"活动，免费为当地居民实施一千多例超声乳化白内障摘除联合人工晶体植入手术。斯里兰卡第一夫人为了回馈中方，了解到中国眼角膜来源紧张后，赠送给彭丽媛女士10枚眼角膜，彭丽媛接受了这份珍贵礼物，并随后将其转赠给厦门大学附属厦门眼科中心。2014年11月19日，这份珍贵的国礼被马不停蹄地带回厦门，10名患者第一时间接受了手术，成为中斯友谊的见证人与受益者。

第八章
商务宴会礼仪

学习目标

1. 掌握中餐、西餐宴会的礼仪规范。
2. 掌握中餐、西餐各种器具的使用技巧。
3. 熟知正式场合必须严格遵守的宴会礼貌、礼节。
4. 掌握宴会摆台的布局安排。

技能要求

能够礼貌得体地使用中、西餐各种餐具,对于参加宴会的礼貌、礼节能够适时、适地地灵活运用。

> **案例导入**

我们错在哪里

德国某企业经理卢卡斯先生来中国与某企业商谈合作事宜。中方企业非常重视，为了表示隆重敬意，中方总经理大设宴席宴请卢卡斯先生，中国公司人员轮番敬酒，每当卢卡斯先生推辞，中方人员就会通过各种方式和卢卡斯先生干杯。之后三天，中方连续宴请卢卡斯先生。第四天，卢卡斯先生留下了一封信偷偷离开了中国，"尊敬的经理，谢谢您的热情款待，不过我实在是不胜酒力，因身体不适我先回国了，合作事宜以后再说。"

中方公司诧异和委屈万分：我们拿出最高规格接待卢卡斯先生，我们错在哪里？

第一节　宴会礼仪概述

一、古代宴会礼仪

中国饮食文化源远流长，考古记载，在距今大约57.8万年之前，北京猿人就懂得用火来烧制熟食。近现代，中国的饮食文化发展得更为丰富多彩，在此过程中，宴会礼仪也逐渐浮现出来。古代宴会礼仪一般有以下几个特点。

（一）重视礼仪程序

古代宴会最初并没有明文规定的礼仪要求，而是在历史长河中逐渐形成的。一般而言，古代由于等级制度森严，因此在宴会中格外重视礼仪规范。人们通常依照某种规定出席宴会，从赴宴前的准备与订约，座次安排，宴会中的各种动作、语言，到引导客人入席的礼节、器具的布置等方面，都有相关的习俗和规矩。久而久之，便自然形成了一套约定俗成的礼仪。

（二）习惯事先订约

《左传》中记载"以日中为期"，这说明在春秋时期，宴会订约已成为固定的模式。举办宴会之前，通常是事先发出邀请，约定日期。最早的宴会订约一般为口头通知，后来发展为使用请帖。

（三）筵席制度严格

首先，接受邀请的一方一般要准时赴约。在上古时代，人们都是席地而坐的，有"筵"和"席"两种坐具。其次，古人的筵席制度相当严格。宴会开始之前，主人一般把筵席铺好在地，客人到后会有人引入到早已规定好的席位，按身份等级对应入座，一般不能越礼，随便加席加座。

（四）重视席位座次

上古之人，以东为贵。坐在席上，面向东方的座次是最尊贵的地方，即"东向坐"，其次是面南座次，最后是面北座次，最卑微的位置是面西座次。除重视座次之外，古人还要求把座位摆放整齐，切忌乱摆或偏移正东、正南、正北和正西方向，否则表示对客人没有尊重。

总之，从古代开始，无论是哪个朝代，对宴会的礼仪都相当重视，很多风俗规范沿用至今。

二、现代宴会礼仪

宴会是一种常规社交活动，通常是由一个集团或某个个人组织的，以用餐为具体形式的集体集会，是人与人之间联谊的主要形式。它对于到场人数、穿着打扮、席位排列、菜肴数目、音乐演奏、宾主致辞等都有严格的要求。

宴会一般有以下几种表现形式。

（一）正式宴会

正式宴会往往对邀请人的服装服饰、宴会餐具、酒水菜肴、器具的陈设以及服务员的装束仪态都有一定的要求，是最为正式的一种集会形式。

（二）便宴

便宴也称非正式宴会，通常是午宴、晚宴。这类宴会形式简便，可不排席位，菜肴道数也可酌减，气氛比较随便、亲切，常用于日常友好交往。

（二）家宴

家宴是指主人在自己家中招待客人，注重制造轻松、亲切、自然的气氛，促进宾主双方感情的交流。在礼仪上没有特殊要求。家宴大多要主人亲自下厨烹调菜肴，使客人产生宾至如归的感觉。

（四）自助餐

自助餐又称冷餐会，是目前国际上所通行的一种非正式的宴会，在大型的商务活动中尤为多见。具体做法是,不预备正餐,而由就餐者在用餐时自行选择食物、饮料,自由地与他人在一起或是独自一人用餐。

自助餐之所以称为自助餐,主要是因为可以在用餐时调动用餐者的主观能动性,由其自己动手,自己挑选,在既定的范围之内安排选用菜肴。至于它又被称为冷餐会,则主要是因其提供的食物以冷食为主。当然,适量地提供一些热菜,或者提供一些半成品而由用餐者自己进行再加工,也是允许的。

(五) 招待会

招待会是一种较为灵活的宴请形式,备有食品、酒水饮料,而不备正餐,通常也不排席位,可以自由活动。商业会谈通常采取此类形式。

(六) 茶会

茶会是一种更为简便的宴请形式,上午10:00左右的为早茶会,下午15:00或16:00左右举行的则为午茶会,通常设在客厅,不排席位,略备点心或者地方风味小吃。茶会对茶叶、茶具的选择有点讲究,一般用陶瓷器皿和茶壶。在国外一般用红茶或者咖啡。

(七) 工作餐

工作餐是现代国际交往中比较常用的一种简便的非正式宴请形式,即在就餐的时间,一边就餐,一边洽谈工作,主要是为了工作中的交流沟通。

第二节 中餐宴会礼仪

中餐宴会是指具有中国传统民族风格的以餐饮为主的社交集会,需要遵守中国人的饮食习惯和礼仪规范。中国的宴会礼仪据称始于周公,如今已成为大家普遍接受的一套饮食进餐礼仪,是古代饮食礼制的继承和发展。

人们在餐饮活动中的良好表现,体现了个人的修养和对交往对象的尊重、友善和诚意。如果失礼就难以取得社交活动的成功。因此,遵守餐饮礼仪对于每个人来说都是必须掌握的。

一、中餐上菜顺序

不同种类的宴会,不同风味的中餐,上菜的程序是不完全一样的,但从总体上说,中餐上菜的程序是基本固定的。通常,中餐上菜的顺序为:冷盘→热菜→主菜→汤菜→面点→水果。

二、中餐宴会的排位

举办正式宴会，一般提前排定位次。宴会的排位，通常可以分为桌次安排和席次安排两个具体情况。在中餐宴请活动中，一般采用圆桌，不同位置摆放的圆桌和每张圆桌不同的席次都有尊卑之分，懂得这些礼仪原则在中餐宴会中非常重要。

（一）桌次排列

在中餐宴会上，桌次排列的具体讲究有三个。

1. 以右为上

当餐桌分为左右两桌时，应以居于右侧的一桌为上。这里的左右，指的是在室内根据"面门为上"的规则所确定的（图8-1）。

2. 远门为上

当餐桌距离餐厅或客厅正门有远近之分时，通常以距门远的那一桌为上桌（图8-2）。

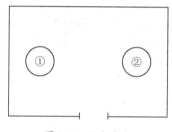

图 8-1　以右为上

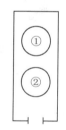

图 8-2　远门为上

3. 居中为上

当多张餐桌并列相排时，一般以位于中央的那桌为上桌（图8-3）。

在大多数情况下，以上三种桌次排列的常规通常都是交叉使用或同时使用。

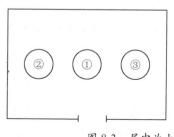

图 8-3　居中为上

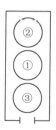

另外，需要注意的是，在安排桌次时，所用餐桌的大小、形状都要保持一致。除主桌可以略微大些之外，其他餐桌一般应该以十人为宜。而且，为了确保赴宴者可以及时、准确地找到自己所在的桌次，一般在宴会厅门口悬挂宴会桌次排列示意图，并安排引领员带领入座，也有的宴会在每张餐桌上摆放用阿拉伯数字书写的桌次牌。

（二）席位排列

席次，在宴会上具体指同一张餐桌上，席位的尊卑高低之别。中餐宴会上，排列位次的基本方法主要有以下四个（图8-4）。

图8-4 席次

（1）面门为主，即主人之位应当面对客厅或餐厅的正门。当有两位主人时，双方则可对面而坐，即一人面门，另一人背门。当然，面门的一位在地位上高于背门的那位。

（2）座次为双。根据传统习俗，凡吉庆宴会，每张餐桌上就座之人应为双数。

（3）主宾居右。它的含义是，主宾一般应在主人右侧之位就座。有时，如果主宾身份高于主人，为表示尊重，可以安排在主人位子上坐，主人则坐在主宾的位子上。

（4）与本桌主人的距离相同的位次，则以本桌主人面向为准，主人座位右边的位置比较尊贵。

当排列低于5人的便宴座位时，一般应该遵循以下四点规则。

（1）右高左低：两人一同并排就座，通常右为上左为下。

（2）中座为尊：三人一起就座用餐，居于中间的人地位高于两侧的人。

（3）面门为上：用餐的时候，面门者是上座，相对应的背门者是下座。

（4）观景为佳：在一些高档餐厅用餐时，往往有优美的景致或高雅的演出供用餐者欣赏。这时候，观赏角度最好的座位是上座。

需要注意的是，在国际宴会上，因为考虑到有外国来宾，座位卡应以中英两种文字书写，中国的惯例一般是中文在上，英文在下。另外，每张座位卡的双面都要写好用餐者的姓名，以便于同桌其他人都能看到，有利于互相之间沟通与交流。

三、应邀中餐宴会礼节

接到邀请后，无论能否赴约都应尽早答复，不能应邀的要婉言谢绝。接受邀请的不要随意变动，按时出席。确有意外不能前去的，要提前解释，并深表歉意。作为主宾不能如约的，更应郑重其事，甚至登门解释、致歉。

掌握到达时间，切忌赴宴迟到。迟到是非常失礼的行为，但是也不可去得过早，如果去时主人还未准备好，难免尴尬。作为主人，如果客人过早地到达，也要同客人点头示意或相互问候，对熟识的和不熟识的客人都要一视同仁。

抵达宴会厅，主人前来迎接，要与主人热情握手并问好致意。

赴宴时要注意仪表、仪容，着装整洁、大方、美观。正式的场合男士应穿西服、白衬衣、皮鞋并且佩戴领带，女士则要化淡妆、按情况穿晚礼服或正装。有一点应该强调，女性参加宴会，不宜穿裤子，也不宜穿短裙，以过膝的裙子为好。

入席要遵守主人的安排，切忌乱坐。一般来说，正对门口的座位是上座，背对门口的是下座。就座时，切勿拖拉座椅，而应轻轻挪动，以免地板发出声响。如果邻座是女士或年长者，应遵守老人为先、女士优先的礼仪。

进餐时要文明，等主人最先用餐。用餐时注意闭嘴细嚼慢咽，不要发出声音；对热菜热汤不要用嘴去吹；嘴里有食物时不要说话；剔牙时用手遮住等。

宴会没结束而自己已吃好，不可中途离席。当主人起身离席后，客人才可依次离席。不要悄悄离开，离开前应先向主人道谢，再握手告辞。

四、中餐的基本礼仪

（一）就餐礼仪

入座后，坐姿要端正，不可用手托腮或将双肘放在桌上（图8-5），双脚应踏在本人座位下，不可随意伸出，以免影响他人。

开始用餐前，不可玩弄桌上的酒杯、碗盘、刀叉、筷子等餐具，也不要用餐巾擦拭餐具，这都是失礼的行为。等主人招呼后，方可以开始进餐。

进餐时举止要文雅大方,吃东西要闭嘴咀嚼,不要发出声响;用过的餐具、牙签及骨刺等要放入骨盘内,切勿放在盘外,而且应该放在骨盘前端(图8-6),而不是放在骨盘中间(图8-7);剔牙时要用手或餐巾遮口(图8-8);用餐时咳嗽、打喷嚏时应侧身掩口,并向周围的人道歉。

图 8-5　入座错误动作

图 8-6　骨盘正确用法

图 8-7　骨盘错误用法

图 8-8　剔牙正确动作

无论用餐地点有无规定,主人有无要求,在用餐时都应自觉做到不吸香烟,以免污染空气,有损他人健康。

若需要敬酒,则注意敬酒有序,主次分明。敬酒是一门学问。一般情况下敬酒以年龄大小、职位高低、宾主身份为序。若与不熟悉的人在一起喝酒,要先打听一下对方的身份或留意别人如何称呼,做到心中有数,避免出现尴尬或伤感情的局面。

在宴席上,有时上鸡、虾、蟹时,会送上一个漂有花瓣或柠檬片的水盅用于洗手。洗手时,两手轮流沾湿指头,轻轻洗,然后用餐巾或小毛巾擦干。

适度交际,察言观色。宴会是一种交际手段,进餐时不要光低着头吃饭,不管别人,要适时地选择一些愉快的话题,和自己左右两侧就餐的人进行交谈以调节气氛，注意语言得体，可以诙谐幽默，但是不能胡言乱语。

（二）餐具使用礼仪

中餐的基本餐具主要有筷子、勺子、碗、碟子、水杯、餐巾、牙签等。

1. 筷子

筷子是中餐的主要餐具，在用餐时，规范的握筷姿势应以右手持筷，以拇指、食指、中指三指前部，共同捏住筷子的上部约三分之一处，同时筷子的两端要对齐。使用筷子要注意礼仪上的禁忌。

一忌敲筷。用餐时不要用筷子敲打碗碟或杯子（图8-9）。

二忌掷筷。餐前发放筷子，不能随手向人掷去，也不要把筷子当道具，随意乱舞，或用筷子指点他人（图8-10）。

图8-9　敲筷

图8-10　用筷子指人

三忌叉筷。筷子不能一横一竖交叉摆放，也不能搁置在碗上或骨盘上（图8-11），应把它轻放在筷架上。

四忌插筷。用餐时不要把玩筷子（图8-12）。

图8-11　筷子搁置错误

图8-12　把玩筷子

五忌挥筷。夹菜时不能用筷子在菜碗里乱翻，甚至与别人的筷子"打架"。在席间说话的时候，应把筷子放下，如果不小心把筷子碰掉在地上，可请服务员另换一双。

2. 勺子

使用勺子时，注意不要过满，以免溢出弄脏餐桌或自己的衣服。用勺子取用食物后，应立即食用，不要把它再次倒回原处。如果取用的汤饭很烫，也不可用勺子倒来倒去或用嘴吹。食用勺子里盛放的食物时，也尽量不要将勺子放入口中含着或反复吸它（图8-13）。

3. 碗

在中餐宴会中，不要端起碗进食（图8-14），食用碗里盛放的食物时，应以筷、匙加以辅助，切勿以嘴吸食甚至用手取用。暂时不用的碗里不宜乱扔东西，更不能把碗倒扣过来放在餐桌之上。当碗里有食物剩余时，不可将其直接倒入口中，也不可用舌头舔。

图8-13　用勺错误动作

图8-14　用碗错误动作

4. 碟子

在中餐中，碟子主要用以盛放食物，其使用礼节与碗大体一致。碟子中较大的一种叫食碟，用食碟时，一次不要取放过多的菜肴，注意不要把多种菜肴堆放在一起。不吃的残渣、骨、刺等不要吐在地上、桌子上，应轻轻放在食碟的前端，吃的食物放在食碟中央（图8-15）。另外，还有一种较小的叫杯碟，杯碟主要用于放置茶杯，以防茶水溢出滴在自己或他人身上。

5. 水杯

中餐所用的水杯，一般指的是直口杯，用于盛放清水或饮料。需要注意的是,一般不用水杯盛放茶水,也不要用水杯去盛酒。

6. 餐巾

餐巾是中西餐都会用到的物品,比较正式的场合一般会有湿巾和香巾两种。湿巾用于客人刚到时擦拭双手,香巾则用餐时铺在腿上。需要注意的是,餐巾只能用来擦手,切忌用来擦脸、擦嘴。用完之后不要随意乱丢,应该放在湿巾碟里,由服务员统一收回。

7. 牙签

顾名思义,牙签是用于剔牙的物品。剔牙时需要注意,不要当众剔牙(图8-16),应用另一只手掩住口部,侧过身体,动作轻微。

图8-15 食物放置

图8-16 剔牙错误动作

最后,餐桌礼仪需要注意的是,取菜尽量取靠近自己的菜品(图8-17),不要够不着便站起来,这是很不雅的动作(图8-18)。

图8-17 取菜正确动作

图8-18 取菜错误动作

第三节 西餐礼仪

一、西餐上菜顺序

西餐宴会一般只有六七道菜,每道一般只有一种,西餐的上菜顺序规范相当严格,一般按如下次序上菜。

(一)头盘

西餐的第一道菜即头盘,也称开胃品。开胃菜一般具有特色风味,味道以咸或酸为主,常见的品种有鱼子酱、鹅肝酱、熏鲑鱼、鸡尾杯、奶油鸡酥盒、焗蜗牛等,数量较少,质量较高。

(二)汤类

西餐的汤类分为清汤、奶油汤、蔬菜汤和冷汤等。品种有意式蔬菜汤、法式葱头汤、俄式罗宋汤、各式奶油汤、海鲜汤等。冷汤品种较少,有德式、俄式冷汤等。

(三)副菜

西餐的第三道菜,也称为副菜。通常水产类、蛋类、面包类等均称为副菜。通常鱼类放在肉类菜肴的前面。西餐吃鱼类菜肴很讲究,有食用鱼类菜肴的专用调味汁。

(四)主菜

主菜是指肉、禽类菜肴。最有代表性的肉类菜肴是牛肉或牛排,其烹调方法常用烤、煎、铁扒等。禽类菜肴的原料主要取自鸡、鸭、鹅等,品种最多的是鸡,烹饪时或煮或炸或烤等。

(五)蔬菜类

蔬菜类菜肴在西餐中称为沙拉,可以安排在主菜之后再上,也可与主菜同时上桌。与主菜同时服务的沙拉,称为生蔬菜沙拉,一般用生菜、西红柿、黄瓜、芦笋等制作。沙拉除了蔬菜外,还有一类是用鱼、肉、蛋类制作的,在进餐顺序上可以作为头盘食用。还有一些蔬菜是熟食的,如花椰菜、煮菠菜、炸土豆条等。

（六）甜品

西餐的甜品是主菜后食用的，一般包括所有主菜后的食物，如布丁、煎饼、冰淇淋、奶酪、水果等。

（七）咖啡、茶类

最后一道菜是咖啡或茶。饮咖啡一般要加糖和淡奶油。茶一般要加香桃片和糖。

二、西餐宴会的排位

（一）以右为尊

跟中餐宴会座次排列相同，西餐宴会在排定座次时，同样遵循以右为尊的原则，通常安排男宾坐在女主人右侧，女宾坐在男主人右侧。另外，西餐桌上位次的尊卑，与其距离主位的远近相关。一般来说，距离主位越近，地位越高。

（二）女士优先

西方社会讲究绅士风度，在西餐礼仪里，主位之人一般应请女主人就座，以显示礼貌和风度。

（三）异性交叉

西餐宴会在排列位次时，有一点与中餐有很大的不同，即一般要遵守男女交叉排列的原则，男女相间而坐以方便交流，夫妇不坐在一起，生人与熟人也应当交叉排列，以免各自与熟人聊家常而忽略与其他宾客间的交流（图 8-19）。

（四）尊敬主宾

西餐宴会里，主宾通常受到最高的尊重，就算来宾之中有人在地位、身份上高于主宾，但主宾仍是主人关注的中心。

（五）面门为上

依照国际礼仪惯例，面门者为上座，同理，背门者为下座，这与中餐宴会座次排列是相同的（图 8-20）。

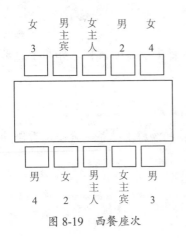
图 8-19 西餐座次

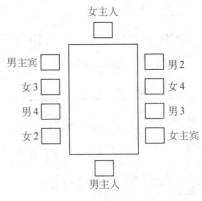
图 8-20 面门为上

三、应邀西餐宴会的礼节

接到宴会邀请,无论能否按时出席,一般应该及时给予对方答复,可采用当面、电话或书面等形式。在国际交往中,请柬上注有"R.S.V.P."(请答复)字样的,均应迅速答复。在接受邀请之后,应该注意不要随意改动请柬。遇到特殊情况不能出席的,应该尽早向主人解释清楚,并表达自己的歉意。

若能够出席宴会,则需提前核实活动举办的时间、地点,是否可以携带配偶,对服装的要求等,以免有失礼节。

同中餐礼仪相同,出席西餐宴会也应该准时到达场所,西方人更加重视准时,认为迟到是不可原谅的错误。另外,入座的时间应听从主人的安排,应注意事先了解自己的座次。而且,如邻座有女宾,应请其先入座。

用餐前,许多基督教或天主教徒要由一人带领祷告,即使不信教,也应该一起跟着低头,以示礼貌和尊重。

用餐时,除自助餐要求比较随意之外,正式的宴会场合一般要等主人示意后才可以用餐。另外,取菜要注意适量。遇到本人不爱吃的菜时,若服务员或主人帮忙夹菜,最好不要拒绝,可取少量放在盘内,并礼貌地表示"谢谢",切忌露出嫌弃或者不满的表情,这会令他人感觉不受尊重,而且拒绝别人也被认为是一种失礼的行为。

离开时,应礼貌地与他人道别,并感谢主人的邀请。

四、吃西餐的基本礼仪

(一)就餐注意事项

西方素有女士优先的传统,所以就座时若有女性在场,男性一般要主动为女性拉椅让座，待女性坐好了方可入座。

用餐时，每次送入口中的食物不宜过多，小口细嚼慢咽。不要在用餐时打嗝，当忍不住要打嗝时，要闭紧嘴别出声。另外，不同的菜品有不同的礼节要求，具体可有以下几种情况。

1. 汤

喝汤时，汤勺应该由内向外舀，不要用汤匙不停地搅动汤，喝汤时不要有声响。

2. 面包

西餐主食以面包为主，需要注意的是，吃面包时，不要直接用口咬着吃（图8-21），一般要用手撕成小块送入口中。抹黄油时，也要先将面包撕成小块再抹（图8-22），注意黄油刀的使用（图8-23）。

图 8-21　吃面包错误动作

图 8-22　撕成小块

图 8-23　黄油刀

3. 鱼

一盘整鱼上桌后，要先将鱼的两端或两侧的小刺用刀隔开，推向一旁整齐排好。吃完　面后，把鱼的刺从左侧挑出，决不能把鱼翻过来。另外，鱼类料理会有柠檬片，可以用刀适当地挤压柠檬，使柠檬的香味渗透到鱼肉里，这样会更美味。如果要用调味汁，把调味汁放在盘子的外侧即可。

4. 水果

在宴会上，水果有时做沙拉，有时做甜点，不同的水果吃法也不相同，比较常见的水果正规食用礼节如下。

（1）苹果、梨：先切成4小块，再去皮去核，然后用刀叉取起食用。

（2）葡萄：可以用水果叉辅助食用，不要在大盘子中一颗一颗地摘着吃。如果葡萄有籽，可以把葡萄籽吐到手中，再把籽放在备用盘子上（图8-24）。

图8-24　葡萄的食法

（3）香蕉：先剥皮，然后用刀切成几小段，再用叉子取起食用。

（4）西瓜：将西瓜切成小块，用刀叉食用（图8-25），不可直接叉起大块西瓜食用（图8-26）。

图8-25　吃西瓜正确动作　　　　图8-26　吃西瓜错误动作

图8-27　草莓的食法

（5）草莓：大个的草莓在食用时应用手拿住柄部，吃完后，将草莓柄放在自己的盘中（图8-27）。

5. 主菜

主菜如吃牛排等肉类食物，应将肉逐块切开，大小以口为准，要切一块吃一口，不要预先都全部切开。吃鸡肉时，欧美人多以鸡胸脯肉为贵。吃鸡腿时应先用刀将骨去掉，不要用手直接拿着吃。

6. 咖啡

喝咖啡时，把杯子轻轻端起，直接用嘴喝（图8-28），不要用小勺一勺一勺地舀着喝（图8-29）。若需加糖，先用糖夹子把方糖夹到咖啡碟的近侧，然后用咖啡匙把糖加入杯中。另外，喝咖啡之前一般先用咖啡匙将咖啡搅拌均匀（图8-30），细细品味，注意不要发出声音。坐着享用咖啡时，杯碟不需要拿起来（图8-31）。而且，由于咖啡杯的杯耳较小，所以用大拇指和食指捏住杯耳是优雅的姿势（图8-32），而不是将食指穿过杯耳（图8-33）。

图8-28 喝咖啡正确动作

图8-29 喝咖啡错误动作

图8-30 搅拌咖啡

图8-31 拿起杯碟错误动作

7. 红酒

红酒的饮用，讲究"眼观（图8-34）、鼻闻（图8-35）、品味（图8-36）"。在饮用葡萄酒前一小时左右可打开瓶盖，让酒接触空气，增添酒的香味，饮用时更佳；也可倒入杯中后，先轻轻摇晃再饮，但要注意拿酒杯的部位（图8-37）。另外，饮用不同葡萄酒时配以不同菜肴，则风味更佳，俗称"白酒配白肉，红酒配红肉"。

图 8-32 捏住杯耳

图 8-33 拿咖啡杯错误动作

图 8-34 眼观

图 8-35 鼻闻

图 8-36 品味

图 8-37 拿酒杯错误动作

（二）西餐餐具的摆放及使用礼节

1. 西餐餐具的摆放

家庭或餐厅宴会时，餐具的种类和数量依餐会的正式程度而定。越正式的餐会，刀叉盘碟摆得越多。一般的顺序为：叉子放在主菜盘左侧，刀子、汤匙摆在右侧。刀叉和汤匙依使用的先后顺序排列。最先用的放在离主菜盘最远的外侧，后用的放在离主菜盘近的内侧。假如主人决定先上主菜再上沙拉，就要把主菜叉子放在沙拉叉子的外侧。沙拉盘放在靠主菜盘的左边。一般餐具摆放如图 8-38 所示。

2. 刀叉的使用方法

刀叉的握法一般是左叉右刀。美式刀叉用法是以右手拿刀切开食物，然后放下刀，再用右手拿叉吃食物；欧式用刀方法是用右手拿刀切食物，用左手拿叉将食物送进口内，直至吃完才放下刀叉（图 8-39）。

1. 奶油碟子和奶油刀
2. 甜点匙
3. 饮料杯
4. 沙拉盘
5. 餐巾
6. 主菜叉子
7. 沙拉叉子
8. 主菜盘
9. 主菜刀子
10. 汤匙
11. 茶（咖啡）杯、碟和茶匙

图 8-38　一般餐具摆设图（午宴、晚宴均适用）

图 8-39　使用刀叉

刀是用来切割食物的，因此需要注意的是，千万不要用刀挑起食物往嘴边送。用刀时，应将刀柄的末端放于手掌之中，用大拇指抵住刀柄的一侧，然后把食指按在刀柄上，其余的三指弯曲握住刀柄。使用刀具时应当注意，不要用刀指着别人说话；不把刀拿在手里玩耍，这是非常危险的；也不要舔刀上的酱汁（图 8-40）。

图 8-40　用刀错误动作

图 8-40（续）

图 8-41 用叉错误动作

首先，叉用来挑起食物，叉起食物往嘴里送时动作要轻；其次，挑起的食物大小适中，一次性送进口中；最后，牙齿只能碰到食物，不要咬叉，也不能让刀叉在牙齿上或者盘碟中发出声响。另外，使用刀叉时肩膀与手腕要放松，手肘不要过高或过低，刀叉与餐盘呈约15°的倾斜角。单独用叉时一般不用左手叉取食物（图 8-41）。

3. 刀叉摆放次序暗示的意义

用餐中暂时离开时，要把刀叉呈八字形摆放，尽量将柄放入餐具内，刀刃要面向自己（图 8-42）。用餐结束，则将叉子正面向上，刀刃向内，刀叉并拢平行放置于盘上（图 8-43）。

 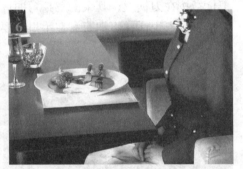

图 8-42 暂时离开时的刀叉摆放　　　　图 8-43 用餐结束时的刀叉摆放

另外，特别注意不可将其交叉放成"十"字形状，西方人认为摆成"十"字状是令人晦气的图案。

4.用刀叉吃蔬菜沙拉

当蔬菜沙拉中有大片的叶子不容易入口时，应先用叉压住蔬菜，用刀将叶子切成小块，这样一来，就容易入口（图8-44），如果大片叶子不经过切碎，一并放入口中是不雅观的（图8-45）。

图8-44　沙拉的正确吃法　　　　　　图8-45　沙拉的错误吃法

（三）西餐宴会的礼仪规则

衣着考究、正襟危坐、举止高雅、慎用餐具、吃相文雅、礼待主人、照顾他人、尊重侍者、积极交流、自我约束。

忌讳风俗、忌坏吃相、忌乱摆菜、忌乱挑菜、忌争抢菜、忌玩餐具、忌吸香烟、忌小动作、忌作修饰、忌乱走动。

在点完餐点，第一道菜未上之前，展开餐巾，餐巾对折后放于膝上（图8-46），不要放在桌上或挂在脖子上（图8-47）。

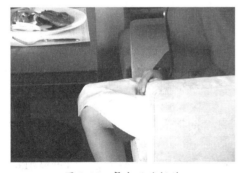 

图8-46　餐巾正确折放　　　　　　图8-47　餐巾错误放法

用餐过程中，如果有餐具掉到地上，轻声招呼服务员，请他们替你换餐具，不要自己弯腰去捡（图8-48）。

图 8-48　突发事件正确做法

本章小结

宴会礼仪是人际交流、国际交往中比较常见的礼仪习惯。一个国家有一个国家的风俗，只有正确地使用宴会礼仪，才能有效地开展社交活动，更好地体现一个人的素质和修养，才能在社会交往中立于不败之地。

本章思考题

1. 宴会一般有哪几种表现形式？
2. 中餐宴会的席位排列基本方法是什么？
3. 西餐的上菜顺序是什么？

实战训练

1. 将一个班级的同学分成几组，安排几个同学扮演主人、主宾、陪同、翻译等角色，练习正式宴会中座次的排位。
2. 模拟中餐、西餐宴会中的邀请、准备、入席、用餐等环节，重点模拟对中、西餐餐具的运用礼节。
3. 案例分析。

李林是某知名公司的经理，因工作需要设宴招待一位来自美国的重要客人。宴会结束之后，令对方最为欣赏的，不是李小姐专门为其准备的丰盛可口的菜肴，而是她在陪对方用餐时细小的举止行为表现。那位美国客人说："李小姐，您在用餐时一点儿响声都没有，使我感到你的确具有良好的素质，我非常欣赏您。"

美国客人为什么如此赞美李小姐的举止表现？说明了什么问题？

 课外知识

国宴的变迁

我国的国宴大致经历了3个历史时期。

第一个时期是20世纪70年代中共中央办公厅钓鱼台管理处服务科，为第一代领导人服务的时期。那个时期应该说我们料理的餐饮还称不上是国宴，只是为来访的社会主义阵营的国家领导人而设的宴请。

第二个时期是20世纪80年代中后期，在计划经济体制下，我们为邦交国家的元首或者使团提供餐饮服务。服务科在这个阶段被移交外交部。在这个时期的中后期，外事活动明显增多，豪华团队增多，接待组织工作繁忙了许多。

第三个阶段是20世纪90年代到21世纪，在比较发达的市场经济条件下有大量的国家元首来访，国宴也进入了更加丰富、开放和多元化的历史时期。

国宴菜博采国内各菜系之众长，按"以味为核心，以养为目的"的要求，上及宫廷撰谱录，下采民间风味小吃，外涉世界各国名菜，内及国内八大菜系，广采博取，撷英集精，形成独具特色的系列菜系，突出体现了现代饮食"三低一高"（低盐、低糖、低脂肪、高蛋白）的要求。口味中西结合，科学合理配膳，注重保健养生之功效。

人民大会堂国宴菜被称为"堂菜"，是国宴菜的一个重要代表。其特点是：用料珍贵，选料精细；以味为本，鲜咸为主；刀工严谨，调味细腻；质地软嫩，色泽素淡；点缀得体，造型典雅。"堂菜"具有"清淡鲜嫩，形美色绝"的独特风格，是中华饮食文化的彰显。

钓鱼台国宾馆国宴菜被称为"台菜"，其特点是：优选用料，精益求精；精密加工，讲究烹技；提炼升华，追求新味；中西结合，取长补短；合理配膳，讲求养生。"台菜"具有"清鲜淡雅，醇和隽永"的风味特色，是中华饮食文化的精粹。

第九章
交通礼仪

学习目标

1. 掌握日常行走及乘车礼仪规则。
2. 掌握乘车座次、上下车次序、乘车行驶过程中应注意的礼貌礼节。

技能要求

1. 能够规范礼貌地行走、自驾车、乘车,做一个文明、有素质的公民。
2. 掌握不同场合变换下的尊位如何定义。

> **案例导入**

一个小伙子是某名牌大学毕业生,去公司面试那天,他进行了精心的准备,穿上了得体的服装出发了。一大早,公交站台上排满了人,公车还没停稳时,他就一个箭步冲向车门,拼命挤上了车……

车在行驶过程中,突然一个急刹车,他"哎呀"一声!原来他的脚被重重地踩了一下,"眼睛瞎了!"他张口就骂,旁边一位女士尴尬地跟他道歉"对不起,对不起……",他正眼也没看她:"我今天去面试,你踩脏了我的皮鞋。要是我面试没通过你得负责!!!"女士一再地道歉才避免了事态的升级。

小伙子准时到达了公司,面试进行得非常顺利,他的应答对答如流,人力总监一再点头。正当他扬扬自得的时候,助理说话了:"你的学习经历以及你的实际工作能力都让我们非常赏识,这个职位也非常适合你。但请允许我将今天早上公车上发生的事情向总监做一个如实汇报。"原来这个助理恰巧是在公车上被他骂的那位女士。

当总监听完情况的汇报之后,坦诚地对小伙子说:"一个人的工作能力很重要,但是你知道吗?一个人成功的要素,能力和学识只占15%,更多的在于他的人际关系、处事能力以及他的基本修养!"小伙子惭愧地点了点头。

第一节 行路礼仪

对任何一个正常人来说,走路是生活中离不开的最基本的活动方式。这平常的"走路"中,同样包含着一系列的礼仪要求,不但要遵守交通规则和通行原则,在不同的条件下也要遵循不同的礼仪规范。

一、行路基本礼仪

(一)遵纪守法

无规矩不成方圆,每个人在行路时都应该自觉遵守相应的交通法律、法规。步行时要走人行道;过马路一定要走人行横道;红灯停,绿灯行。

(二)礼貌待人

马路上人来人往,遇到老、幼、病、残、孕时要主动照顾他们;万一不小心碰到了别人,要主动道歉;如果别人不小心碰到了自己,应该表现出良好的修养,切忌厉声责备,应该宽容地说"没关系"。问路打扰对方时要说"劳驾""抱歉",无论对方是否给予答案,都要礼貌地表示感谢。

(三) 文明行走

走路时,要注意爱护街道公路的环境卫生,不要随便乱扔垃圾,也不要边走路边吃东西,这样既不雅观也不利于身体健康,如确实口渴可以停下来,喝完水后再赶路。走路时遇到亲友,要主动热情地打个招呼,不能视而不见,但是应该注意在路上碰到好友最好不要长久交谈,以免妨碍交通,耽误别人行走。

除此之外,在与尊长、宾客等同行时,还应该注意礼宾顺序。如果是单排行进,通常请尊长、宾客走在前面(图9-1);如果并排行进,通常右为上,左为下;如果三人以上并行,通常中间为上,内侧次之,外侧为下。

图9-1 宾客在前

(四) 个人形象

走路时,应该保持正确的走姿,挺胸抬头,保持身体正直。目光要自然注视前方,不要东张西望。男士要彬彬有礼,注意风度,遇到不相识的女性,不要过多地观望;女士要端庄大方,温文尔雅。

二、上下楼梯礼仪

在上下楼梯时,步伐要轻,注意姿态、速度,不要拥挤、奔跑。国际通行的惯例是靠右单行,一般情况下不要多人并排行走。出于尊敬和礼貌,与老人、女士、客户等一起上楼梯时,要请对方走在前面,下楼梯自己走在前面,这样可以保证对方的安全。

另外,上下楼梯时,应与前后人员之间保持一定距离,若携带较多的物品应等楼梯上人员较少时再走,以免影响、碰撞他人。坐滚梯时要遵循靠右站立的原则,向右一小步,文明一大步。

三、进出电梯礼仪

电梯内空间比较狭窄,一般乘坐电梯前不要吃刺激性的食物,更不要在电梯内吸烟,这些都是不雅的行为。与客人一起乘电梯时,如果电梯有专人管理，一般后进后出；与陌生人同乘电梯时要依次进出，不要抢行；乘无人管理的电梯时，一般遵循先进后出的原则，可主动询问对方的楼层，帮对方按楼层键。另外在电梯中，不要大声喧哗，不要携带宠物，行为应当文雅端庄。

另外，乘坐电梯时的站位也很重要，当电梯内人较多时，一般要"面门站立"；当同两三位客人同乘电梯时，自己应当站在电梯控制按钮的一处，侧身站立，请客人站在里侧面门站立（图9-2）。如果电梯内有专门的工作人员，应先请客人先进电梯（图9-3）；若没有专门工作人员，应按住电梯按钮请客人先进，或者先进入电梯内，按住按钮，再请客人进去（图9-4）。

图9-2　电梯站位　　　图9-3　有人管理电梯　　　图9-4　无人管理电梯

四、排队礼仪

自觉排队，按照先来后到的顺序依次而行，切忌拥挤、插队。排队时，人与人之间一般保持半米的间距，不要过于拥挤甚至碰到他人身体。在银行排队时，应该按照规定，站在一米线之外。

另外，当别人排好队之后，不要从队伍中横穿过去，在不得不打扰别人的时候，要礼貌地说声"抱歉""对不起"。

五、进出房间礼仪

进他人房间之前，一定要先轻声敲门或按门铃（图9-5），千万不要横冲直撞。开关门时，动作要轻柔，

图9-5　敲门

不要用力摔打门，更不能用脚猛踢。

与长辈、客人一同进出房门时，要懂得谦让，主动开门并请尊长、客人先进出。当客人走入会客厅时，要热情地邀请客人按照尊卑身份依次就座。

第二节　乘坐交通工具的礼仪

一、自驾车礼仪

在驾驶时，应该遵守交通安全规则和礼貌礼节，主要有以下几点。

（一）安全第一

系好安全带，这是驾车的第一步。行驶时车与车之间要保持安全的距离。起步、拐弯、并线、停车时要打转向灯。不闯灯、不抢行。

（二）文明行车

行车过程中，在路口转弯时应进入适当的车道并减速或停车，让直行的行人或非机动车先行。靠近人行横道时，应注意观察周围的动态，当有行人或非机动车要横穿马路时，必须在人行横道前停下。遇到盲人或其他行动不便的行人，应减速慢行，必要时应停车。等车时不要在短时间内频繁地按车喇叭，这是很不礼貌的行为，因为交通阻塞时按喇叭不光无济于事，还会带来很多负面情绪。

（三）礼貌乘车

载人行车时，男士和晚辈应当照顾女士和长辈，请他们先上后下。上车前要在车外等候并为客人开门，一只手开门，另一只手垫在车门顶上，以示礼貌和尊重。另外，开关车门时要注意客人的安全，不过早或过迟关门，等客人上车坐稳或下车离开后再关闭车门。女士乘坐小轿车时应采用背入式。

（四）个人形象

驾车时应注意自己的个人形象，不要往车外乱扔东西。不酒后驾车。患有妨碍安全行车的疾病或过度疲劳时，不驾驶车辆。不在驾驶车辆时吸烟、饮食、闲谈、接打手机。在通过泥泞路段时须减速慢行，要防止车辆溅起污泥浊水弄脏他人，做一个文明的驾驶人。

二、乘坐飞机礼仪

(一) 登机前礼仪

提前到达机场，一般国内航班提前半小时，国际航班提前一小时，以便有充足的时间可以进行安检、托运行李、领取登机卡等。作为乘客，要主动配合安检人员进行安全检查，不要拒绝检查，安检人员对自己携带的物品质疑时，要妥善处理，不要无理争辩破坏秩序。

(二) 飞行中礼仪

登机后，严格遵守飞机上的安全规定，系好安全带，不要吸烟，不要使用手机、计算机、游戏机等电子设备，以免干扰飞机信号系统，发生严重后果。

飞机起飞后，不要大声喧哗，用餐时动作要轻一点，不要乱扔垃圾。对乘务人员要有礼貌，不要刁难乘务员。在飞机上使用卫生间时，要依次排队，并保持卫生间的干净整洁。

(三) 飞机降落后

当飞机降落后，要等飞机安全停稳后再解开安全带依次离开，带好自己随身携带的物品，不要拥挤他人或随意走动。

三、乘坐轨道交通工具礼仪

(一) 安全第一

乘坐轨道交通工具时，要遵守安全规定，不要携带枪械、刀具、易燃易爆物品或毒品，也不要携带宠物、家禽等可能危及他人安全的东西。

在等候火车或地铁时，要与轨道保持一定的安全距离，不要过于靠近轨道；遵守秩序，听从乘务员的指挥，依次上下车，不要拥挤，以免发生意外。在地铁蜂鸣器响时，要立即或进或出，切忌倚靠车门或在车门处逗留，这是非常危险的。

(二) 礼貌待人

乘车时，遇到老、幼、病、残、孕或者需要帮助的客人，应主动让座。在狭窄的位置就座时，不要无礼地说"挤挤吧"，应该礼貌地询问"对不起，请问我可以坐在这里吗"。若不小心碰到别人，要及时道歉，被别人碰到也应该给予宽容的态度，不要得理不饶人。

为了他人的舒适,不要在车厢内吸烟、乱丢杂物、吐痰;不要用包裹、行李抢占座位;坐姿要端正,不要将双腿伸到走道上,以免影响他人行走。

四、乘坐汽车礼仪

(一)公共汽车

公共汽车乘客较多,遵守必要的礼节更显重要。在公共汽车内,最好不要吸烟,不要大声聊天、说笑,这些都是非常不文明甚至令人反感的行为。上下车要遵守秩序,不要争先恐后。"女士优先"的原则在此场合同样适用,有修养的男士都会礼让妇女。

(二)小轿车

掌握乘坐小轿车的礼仪,了解座次的安排是非常重要的。

如果主人亲自驾驶,以驾驶座右侧为首位,其次是后排右座、后排左座、后排中座(图9-6);由司机驾驶时,则以后排右座为首位,左座次之,中间座位再次之,驾驶座右侧最次(图9-7)。

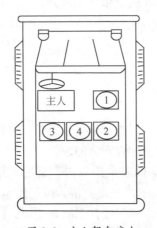
图9-6 主人驾车座次

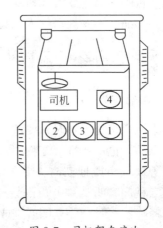
图9-7 司机驾车座次

若主人夫妇驾车,一般而言主人夫妇坐前座,客人夫妇坐后座;若主人夫妇搭客人夫妇的车,则应邀请男性客人坐前座,女性客人坐后座。

另外,性别也影响着座次的安排,若同排三人中有两位女性一位男性,一般男性不能坐在女性两人中间;若同排三人中有两位男性一位女性,则应该请女性坐在中间,男性分别坐在女性左右两侧。

(三)吉普车

乘坐吉普车时，无论是主人还是司机驾驶，都以前排的右座为上座，其次是后排右座，最后是后排左侧（图9-8）。

(四)中型客车

乘坐多排座位的中型客车时，一般以司机后面第一排为尊，往后依次递减，每排座位的安排则以右座为上，往左依次递减（图9-9）。

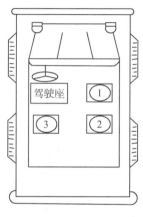

图9-8 吉普车座次

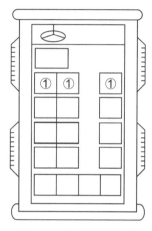

图9-9 中型客车座次

需要注意的是，除座位的安排有讲究之外，乘车时上下车的次序也有一定的礼仪规范。一般来说，长辈、客人、女士先上车，上车时要主动协助长辈、客人、女士打开车门，以示尊敬和礼貌。到达目的地之后，若没有其他工作人员，主人应该最先下车，并绕到另一边为客人打开车门，以示尊重和礼貌。

 本章小结

随着社会的发展，各种交通工具的运用越来越普遍，交通礼仪也成为社会交往礼仪里很重要的一个方面。日常交往中，一个小的礼貌习惯往往能体现一个人的基本道德素质，每个人都应该遵守交通规则，乘车谦卑让座、尊老爱幼，以文明的行路乘车礼仪塑造自身的形象，做一个文明的人。

 本章思考题

1. 五人座的轿车座次是如何规定的？
2. 乘坐飞机和一般交通工具最大的不同是什么？

3. 当乘坐无人管理的电梯时，应该注意什么问题？
4. 如何做一个文明的驾驶员？
5. 与女士一同上楼梯时，应该注意什么问题？

 实战训练

1. 假设你作为宾客拜访，对方公司的秘书和司机接送。练习怎样安排座次。
2. 如果张太太驾私家车，搭载甲小姐和乙先生，请你为他们安排座次。

 课外知识

在职场综艺《令人心动的offer第二季》中，实习生的第三次任务是跟案件另一方当事人的委托律师进行谈判。有两位实习生和带教律师，也是律所的无限权益合伙人王钊律师一组。谈判结束返程时，由王律师开车，两位实习生乘车。结果，两位实习生都不约而同地坐到了后排座位上。复盘会上，王律师指出了这个细节，说他想考验一下实习生的礼仪，静观其变，结果，真的被当成司机了。

第十章 求职礼仪

学习目标

1. 了解职业生涯规划的内涵与步骤。
2. 掌握求职礼仪规范中对服装、形象的礼仪要求。
3. 了解求职的基本礼仪规则。

技能要求

能够着装规范、得体地参加求职面试,灵活运用求职面试礼仪。

案例导入

北方某重点工科大学应届毕业生小张,接到国内一所大型企业研发部门应聘系统工程师职位的面试通知。小张大学四年成绩优秀,动手操作能力较强,很适合从事研发工作。面试过程中,公司人力资源部的两位主管先问小张是否了解这家公司、身高多少、有无女朋友等与职位无关的问题。自认为出身名校且有优越感的小张,态度由尊敬转化为不屑,并且神情中不觉流露出来。

随着面试过程的深入,小张逐渐放松下来,他习惯地撸起袖管,嘎吱嘎吱地捏着手中的塑料水杯,双腿不停抖动,好几次碰响了桌子。两位考官似乎略有分工,人事主管问完后,由招聘专员单独与小张交流,而人事主管暂时离场。小张认为主管对他失去了兴趣,心思有点乱了,好几次需要对方重复提问,等轮到小张提问时,他只问了一些与系统工程师职位有关的问题,考官似乎不太了解,用略显厌烦的语气敷衍小张。

整个面试过程,小张一直低着头,回答问题时,才偶尔抬一下头。最后,小张又参加了商务英语笔试,因为他没学过商务英语,看了3分钟以后,什么也没有写,便交了试卷,脸色阴沉沉的,也没有和考官道别。

考官对小张的面试给出这样的评价:"……有较强的专业研究能力和较大的发展潜力……面对压力心理素质较差,在人际交往方面有较大缺陷,对公司不够重视……"

用人单位"求贤若渴",毕业生"心仪已久",面试结果却两败俱伤,从礼仪角度考虑,原因何在?

资料来源:应届生论坛,http://bbs.54yjs.cn.

第一节 职业生涯规划

一、职业生涯规划的内涵

职业生涯规划(Career Planning)简称生涯规划,又称职业生涯设计,始于20世纪60年代,在90年代中期从欧美传入中国。职业生涯规划是指"将个人发展与组织发展相结合,对决定一个人职业生涯的主客观因素进行分析、测定和总结,在对个人的能力特点、兴趣和爱好进行综合分析的基础上确定其最佳职业的奋斗目标,并选择实现这一事业目标的职业,制订相应的行动方案,且对每一步骤做出有效安排的过程"。

通俗地说，职业生涯规划就是：你打算选择什么样的行业、职业，想达到一个怎样的成就，想过怎样的生活，以及如何通过学习和工作达到预想目标的过程。正确理解职业生涯规划的释义要注意：职业生涯规划具有明显的个人化特征，是一个包含了生涯目标的确定、措施的实施及目标实现的长期动态的全过程。

二、职业生涯规划的步骤

职业生涯规划的具体步骤概括起来主要有以下几个方面。

（一）自我评价

一个有效的职业生涯规划的第一步，就是必须正确认识自己、了解自己，包括自己的兴趣、特长、性格、技能、智商、情商、能力、思维方式等，弄清自己究竟想干什么、能干什么、应该干什么等问题，客观认识自身优势和劣势，了解内、外部环境。

（二）确定目标

确定目标是制订职业生涯规划的关键步骤，目标有短期、中期、长期和人生目标之分。长远目标需要经过自身长期的不懈奋斗才有可能实现，因此，在确立长远目标时，要慎重选择、全面考虑、立足现实，使目标既有现实性又有前瞻性，切不可空有远大的抱负，却脱离现实。短期目标是具体的计划，是长远目标的阶段性组成部分。

（三）环境评估

环境评估是指要充分了解环境因素对自己发展产生的影响，分析环境的变化和未来发展的大致趋势，把握环境因素的优势与限制，了解本专业、本行业的地位以及发展趋势。只有在对总体环境做出客观理性评价的基础上，才能更好地确定自己的职业方向。

（四）职业定位

良好的职业定位就是在前面步骤的基础上，充分考虑性格、兴趣、特长、专业等自身优势与职业的匹配程度，努力寻求职业目标与自己的潜能以及主客观条件的最佳切合点。职业定位应注意依据客观现实，选择条件更合适、更符合自己特长、更感兴趣、经过努力有发展前途的职业，扬长避短，审时度势，以长远的目光看待自己的现实与未来。

(五) 具体行动

行动高于一切，没有行动，所有的理想与目标也只能是一种梦想，甚至空想而已。确定了目标与职业之后，要制订详细的计划，然后付诸实际行动之中，要把"志当存高远"与脚踏实地结合起来，朝着自己的目标一步步地努力。

(六) 实时控制

职业生涯规划的制订是否正确和适合，要在实施中去检验，理论与实际总是存在或多或少的差异，因此需要实时控制，及时评估和反馈生涯规划各个环节出现的问题，找出相应对策进行调整与完善。

当然，职业生涯规划的侧重点还在于职业准备和职业选择。职业准备指物质、心理、知识、技能等各方面充分的储备，根据各方面的分析，客观地对职业做出选择。在职业定位之后，对即将踏入的职业活动也要有一定的合理预期，包括工作性质、劳动强度、工作时间、同事以及上下级关系等都要做好适应的准备，以最快的速度成为一个成功的职业者。

三、大学生职业生涯规划

当前，大学生职业生涯规划已引起社会各界的重视，而目前大学生职业规划的情况不容乐观。据调查，有高达85.76%的大学生完全没有个人职业生涯规划，甚至有很多大学生不知道什么是职业生涯规划。劳动和社会保障部劳动科学研究所、新浪网和北森测评网联合进行的网络调查结果显示，有33%的大学生"先就业后择业"，而有16.3%的人"没有太多考虑"就"跟着感觉走"地选择了自己人生中的第一份工作。

出现这种情况不可避免有社会的影响，但也有自身的原因。作为当代大学生，应当从自身做起，努力提高自身素质、品质和情商，不断培养自己的忠诚意识、敬业意识、创新意识、竞争意识和合作意识，充分地认识自己，客观评价自身的优势与劣势，要有危机意识，认识到社会需要的是高素质的人才，认识到"人外有人，天外有天"，勤奋努力，不懈奋斗，为自己未来的发展随时做好准备。

第二节 求职礼仪概述

在就业市场竞争日益激烈的今天，在现代社会的工作模式下，团队合作、人际沟通能力逐渐被用人单位所重视，越来越多的企业特别注重应聘者的礼仪素养，甚至一些企业已经将礼仪作为录取新职员的必备条件之一。

美国职业学家罗尔斯说："求职成功是一门高深的学问。"心理学家奥里·欧文斯说："大多数公司录用的是他们喜欢的人，而不是最能干的人。"求职者在面试中表现出的礼仪素养，不仅反映出个人的人品和修养，而且在某种程度上直接影响到面试官的最终决定。在面试中，一个仪表得体、知书达理的人，更能得心应手，也就比别人有更大的成功机会。

一、求职礼仪的内涵

求职礼仪是一种特殊的语言，是一个人内在素质的外在表现形式，具体是指求职者在面试过程中的仪表仪容、言谈举止等方面所应遵循的基本礼仪规范。

古人云"见微而知著"，礼仪是中华传统美德中一颗耀眼的明珠，体现在我们生活中最细微的举止投足之间。求职面试时，招聘者能够从我们的一言一行、一举一动之中观察我们的礼仪层次，进而推断和认定我们的素质和修养。因此，我们必须在日常生活中就时刻注意自己的一言一行，让礼仪成为习惯，这样才能使我们在最关键的时刻自然流露，让个人礼仪为自己的求职加分。

二、求职礼仪规范

在求职过程中，个人礼仪素养体现于求职者的应聘资料、语言、仪表、仪容、仪态、举止等各个方面，是求职者整体素质的一个重要表现。为了营造良好的面试气氛，在有限的时间体现最完美的自己，使自己在众多求职者中脱颖而出，懂得基本的求职礼仪是十分必要的。一般来说，求职礼仪大体体现在以下几个方面。

（一）应聘前的准备工作

有备才能无患，应聘求职同样如此。求职者在前去参加面试前需要做好各种准备，包括心理准备、知识准备、资料准备等。事先要深入了解招聘单位的相关企业信息，了解公司的历史、规模、发展、产品类型；事先准备齐全学历证书、就业推荐表、成绩单、获奖证书、简历等，以免面试时匆忙出错，给人留下不良的印象（图10-1）。

（二）服饰形象的选择

人际交往中的第一印象非常重要，外在形象就像人们踏上社会的第一张名片。因此，求职者应聘时，要特别注

图10-1　准备工作

意自己的仪表仪容，慎重地选择服饰、发型。求职者形象给面试官的印象好坏，常常关系到求职的成败。主考官通常会根据自己的经验，凭借求职者的外在形象来判断对方的学识、个性、素质、修养等，并在心里形成一种特殊定式，这种心理定式往往比简历、介绍信、文凭更能产生直接的效果。据哈佛大学有关专家研究表明，与陌生人交往一般在7~30秒就会将外表不合格的人淘汰掉了。

面对不同的求职行业，对服饰的要求有所差别，但是就绝大多数职业来说，简洁、沉稳、大方、得体是服饰的最基本要求。

1. 男士服装要求

在现代社会的公关活动中，"西装革履"被认为是现代职业男士的正规服饰。求职面试中，男士穿西装也是最为稳妥和安全的选择，但是要注意西装穿着的一些礼仪讲究。

图10-2　男士求职服装

首先，在颜色的选择上，求职者最好穿深色的西服，传统的灰色、深蓝色都是不错的选择，给人稳重、忠诚、朴实的印象。其次，西装要大方得体，与衬衫协调搭配（图10-2）。

在领带的选择上，领带的色调、图案应配合衬衣和西装，领带夹只是亚洲少数国家的习惯，并非国际通行的惯例。至于领带的长短，以刚刚超过腰际皮带为好。西裤注意不要太窄，要保留有一定的宽松度，也不宜太短，以恰好可以盖住皮鞋的鞋面为好。最后，鞋袜的搭配在西装穿着上也非常重要，西服、正式套装必须穿皮鞋，皮鞋的颜色以黑色、深棕色较为合适。黑色皮鞋适合于各色服装和各种场合。选择袜子时，应该是深单一色的，黑、蓝、灰都可以。

2. 女士服装要求

女士着装通常以"整洁美观、稳重大方"为总原则，服饰的款式、色调应该尽量做到与自身的年龄、气质、职业协调一致。

套裙、套装是最通用、最稳妥的女士着装，会使人看起来显得优雅而自信，给对方留下良好的印象（图10-3）。在求职面试中，切忌穿太过紧身、性感、个性、暴露的服装，不要穿超短裙。特别是夏天，内衣选择的颜色应与外套协调一致，否则会让人感到不雅致，这是求职之大忌。在颜色的选择上，深色调的套装十分稳妥安全，但现在社会已经开始接受一些较鲜艳的颜色。

在正式场合，女士通常要化淡妆，这也是基本的礼仪规范，切忌浓妆艳抹，最好使用浅色的唇彩，避免大红、大紫或者黑色、蓝色等。要注意手和指甲的卫生，保持整洁干净，指甲应修剪好，千万不要留太长的指甲，也不要涂艳丽的指甲油。

求职面试的着装还有一些细节需要注意：任何时候请保持衣服、鞋子的洁净；男士不要穿过紧的裤子以及T恤，也不要穿西装打领带却配牛仔裤；女士不要着男式的衬衣或西装等。

在发型的设计上，以清洁简单为主。面试时要精心梳理好头发，不要蓬头垢面。男士以简单、利索、庄重的发型为好，最好是前不过眉，后不及领，两侧不遮耳朵，忌长发、卷发、光头、中分；女士尽量不要出现染发、爆炸头等，自然就是美。

图 10-3　女士求职服装

（三）具体面试过程

在面试过程中，求职者表现出的礼仪水平不仅反映出求职者的素质、修养，而且直接影响着面试的成功与否。面试过程的基本礼仪有以下几点。

1. 见面礼仪

（1）准时到达面试现场，不要迟到。一般应该提前 10 分钟左右到达面试地点，以便有充裕的时间熟悉环境。找到准确的面试场所，可以稍稍休息一下，稳定一下情绪，进一步做好面试前的心理准备。不要匆匆忙忙的，给人留下不稳重的印象。

（2）以礼相待，注意基本的礼貌礼节。进入主考官的办公室前先敲门，就算门开着或者虚掩着也要敲门，主考官应允后再轻声进入。见面时，应微笑着主动地向主考官点头，打招呼，礼貌地问候，等到主考官示意方可就座。在入座时，注意坐姿优美，坐椅子时最好只坐 2/3 的部分，两腿并拢（图 10-4）。

（3）自然得体的行为举止，尽量做到自然、大方、美观、优雅（图 10-5）。面试时应注意坐要端庄、立要挺直，不要弯腰低头或不停晃动、前伸、跷起双脚等；双手放在适当的位置，切忌揉眼

图 10-4　面试

睛、掏耳朵、挖鼻孔、抚弄头发；不要嚼口香糖、抽烟；不要随便翻动办公室里的任何东西；自己随身带的包不要放在考官的办公桌上，也不要挂在椅子背上（图10-6）。

图10-5　举止优雅

图10-6　面试错误行为

2. 应答礼仪

公共关系学中有这样一句话，"每个人都要向孔雀学习，两分钟就让整个世界记住自己的美。"其实，自我介绍也是一样，每个求职者都要尽量在最短的时间内让考官感受到自己最优秀的个性特征，不要啰唆，也不要像背书一样死板教条。

主考官提问题的时候，用冷静的心态、理智的语言、正确的思维予以恰当、机智、真诚的回答。要做到临阵不慌，如果遇到不会回答的问题，不要模棱两可，不懂装懂，应如实地坦诚相告。著名的交际大师卡耐基年轻时曾到一家公司谋求推销员的工作，主考官提出这样一个问题试题，他说："嗨，假如我让你把一台打印机推销给本地的农场主，你行吗？"卡耐基不假思索地回答："对不起，先生。我没办法做到，因为农场主不需要它，我的一切努力将是徒劳。"卡耐基就是因为说了一句实话，成功地获得了工作机会。他的成功之处，就在于他不同于其他的求职者，大胆地说出自己真实的想法。有时候，你头脑中真实的想法或许就是成功的法宝。

3. 交谈礼仪

求职者在和考官交流的过程中，要做到必要的交谈礼仪。首先，要注意交谈的基本礼仪，譬如态度认真，不要三心二意，目光注视对方等。认真倾听可以为我们赢得时间，更准确把握对方意图，减少失误的可能。其次，求职者在听对方说话时，还需要特别注意的是给予对方恰当的呼应，要让考官知道你在用心地倾听。呼应可用简洁的语句来表示，也可用微微的点头或会心的微笑来表示。时时注意到这些礼节可以使主考官对求职者产生好感。但是,在倾听对方谈话时,不要打断对方的话。当你的讲话被对方打断时,也许就是主考官在刻意考查你的个人修养,你应该耐心听他讲完,然后耐心解释,礼貌地继续回答。

4. 告辞礼仪

面试结束后,要礼貌地向主考官告辞,就算感觉自己表现得不是很好,也不要流露出不满或者愤怒的表情,而应该有修养且面带微笑地向主考官致谢。有时候,这不仅是礼貌之举,还可以增加印象,或许就是成功面试的最后一个门槛(图10-7)。

图 10-7　礼貌告退

(四) 面试后续礼仪

现场面试过程结束并不意味着真正的结束,就求职阶段来说,良好的后续礼仪是必要的。为了加深主考官的印象,增加求职成功的可能性,求职者最好在面试后的两三天内,给招聘人员发短信或打电话。短信要提及自己的姓名、简单情况、面试时间,重申对公司和应聘职位的兴趣或增加一些对求职成功有用的新内容。最好感谢对方给自己机会参加面试,跟自己沟通交流。

求职的成功与否,感谢信是最后的一次机会。作为一个求职者,要想在严酷的就业市场立于不败之地,理应恰到好处地表现自己的智慧和修养,避免出现任何过失,把握住每一次展现自己、推销自己的机会,尽一切努力争取自己满意的工作岗位。

三、网上求职礼仪

随着社会的进步和网络技术的发展,当前,网络求职已经成为普遍的现象,越来越多的人通过网络求职的方式在更大的空间内寻找工作岗位。同求职面试一样,在网络上进行求职也需要慎重对待,遵守网上求职的礼仪规则。

在网络这个虚拟的空间内,人们往往会放松警惕,容易说出一些不够谨慎或者过于随便的话。在网上通过电子邮件求职时,电子邮件中的每一个句子、每一个字,甚至每一个语气都能够影响到用人单位的决定,因此,礼貌、谦虚、认真是最基本的要求。要尊重他人、称呼得当、语气委婉、措辞正确,得到对方的答复之后,要认真及时地回复,不要让对方等待太久。

四、职场礼仪

踏进工作岗位之后，人际交往同样重要，要从容地处理同合作伙伴、上司、同事、下级的关系，了解职场礼仪就显得尤为重要。一般，职场礼仪要遵循四原则。

（一）尊重为本

尊重他人是职场礼仪最核心的含义，没有"尊重"两字，职场礼仪就会成为无源之水、无本之木。

（二）重视沟通

人和人的交往离不开沟通与交流，重视沟通就是要善于表达、善于表现，具备卓越的社交和沟通能力。

（三）遵守规范

对于一个知书达理的人来说，讲究礼仪就要遵守规范，无规矩不成方圆。在职场的任何场合，规范的着装、仪态和举止能够在无形之中产生亲和力，缩短人与人之间的距离，这就是规范的魔力。

（四）持之以恒

职场是一个人一生中非常重要的一部分，是生命绽放光彩最耀眼的舞台。有人说职场就像战场，不允许有丝毫的差错，否则就面临被淘汰的危险。同样，对职场礼仪的遵守也必须持之以恒，塑造良好的个人修养，让礼仪在日久天长中慢慢成为自己的习惯，而不仅仅是一种社交手段，这是礼仪最终的目标，也是礼仪的最高境界。

本章小结

孔子曰："礼者，敬人也。"礼仪是自我尊重与尊重他人的具体表现。现代礼仪是社会文明进步的重要标志，在求职过程中体现良好的个人修养既是求职成功的条件，也是对中华民族传统美德的进一步弘扬，更是社会中人与人交往必备的规范要求。对于在校学生而言，应该从现在做起，在学习期间就认真培养自己的"礼仪"意识，重视自身的道德修养，为未来的成功做好充分的准备，为将来的发展铺好道路。

本章思考题

1. 求职礼仪主要体现在哪些方面？
2. 根据自己的专业和性格特点，为自己做一份职业生涯设计。

 ## 实战训练

模拟求职招聘现场，由教师和几名学生担任面试主考官，其他学生可以自行设定意愿的工作岗位，练习求职面试应该注意的礼仪规范。

 ## 课外知识

两分钟世界里的输赢

美国形象大师罗伯特·庞德说过："这个世界是一个只有两分钟的世界，你只有一分钟的时间展示给别人你是谁，然后另一分钟就要让他们喜欢你。"

罗伯特·庞德用一句简单而深刻的话警示着我们，在求职面试中，第一印象不好永远没有第二次机会。在生活节奏日益加快和竞争越发激烈的今天，没有人会愿意花太多的时间去深入地了解你的智慧、个性、能力、素质，就算你能力出众，智慧超群，但是在有限的时间内不能完美地体现，那就只能意味着失败。第一印象的好坏也许就决定着你的未来，错过或者失误，就不再有第二次机会，或许很主观很不公平，但是社会就是如此。适者生存，能者上败者下，这就是自古以来一成不变的自然规律。

第十一章
商务仪式礼仪

颁奖礼仪微课

学习目标

1. 熟悉商务仪式各种表现形式。
2. 掌握基本商务仪式的礼仪要求和具体的操作流程。
3. 能够筹备和运作各种商务仪式活动。
4. 熟练运用综合类商务礼仪知识。

技能要求

能够筹备基本的商务仪式活动，做好准备工作，掌握运作流程，灵活运用各类商务礼仪知识，体现商务人士的风采。

> **案例导入**

张薇所在的企业将于月底举行一场开业仪式,张薇负责这次仪式的组织工作。张薇工作认真,月初她就向来宾发送了请柬,但临近月底没有最终确认,现场缺席了很多来宾,场面有些尴尬。

开业仪式开始了,主持人宣布庆典仪式开始,企业领导上台致辞,领导非常兴奋,在台上侃侃而谈,从新店的设想、新店以后的发展乃至他自己以后的梦想,一直持续了三十多分钟,张薇一直在纠结要不要提醒领导掌握好时间,来宾在炎热的天气下非常煎熬。开业仪式一结束,来宾们都纷纷离开,并没有参加接下来的参观环节,张薇精心准备好的礼品都没有及时送出。

第一节 剪彩仪式礼仪

剪彩仪式是指商界的有关单位为了庆贺公司设立、企业开工、宾馆落成、商店开张、银行开业、大型建筑物启用、道路或航线开通以及展销会或博览会开幕等而隆重举行的一项礼仪性程序。因其主要活动内容是约请专人使用剪刀剪断被称为"彩"的红色缎带,故此被人们称为剪彩。

一、准备工作

剪彩仪式的准备工作与开业仪式的准备工作有相同之处,如宣传工作、拟定宾客名单、发送请柬、场地布置等,但剪彩仪式还有必需的准备工作。

(一)红色缎带

红色缎带即剪彩中的"彩",是非常重要的物品。按照传统做法,它应当由一整匹未曾使用过的红色绸缎,在中间结成数朵花团而成。目前,有些企业或组织用长度为两米左右的细窄红色缎带取而代之,或者以红布条、红线绳、红纸条作为其变通。

一般来说,红色缎带上所结的花团,不仅要生动、硕大、醒目,而且其具体数目往往还同现场剪彩者的人数直接相关。花团的具体数目有以下两类模式。

(1)花团的数目比剪彩者的人数多一个,可使每位剪彩者总是处于两朵花团之间,尤显正式。

(2)花团的数目比现场剪彩者的人数少一个。这种模式不同于常规,比较有新意。

（二）新剪刀

新剪刀是专供剪彩者在剪彩仪式上正式剪彩时所用的，必须是每位现场剪彩者人手一把，而且必须崭新、锋利、顺手。

事先一定要逐把检查，确保剪刀已经开刃，在正式剪彩时，剪彩者可以"手起刀落"，一举成功，切勿一再补刀。

在剪彩仪式结束后，主办方可将每位剪彩者所使用的剪刀经过包装之后，送给对方作为纪念。

（三）白色薄纱手套

白色薄纱手套是专为剪彩者准备的。在正式剪彩仪式上，剪彩者剪彩时最好每人戴上一副白色薄纱手套，以示郑重。在准备白色薄纱手套时，除了要确保其数量充足外，还必须使之大小适度、崭新平整、洁白无瑕。有时，也可以不准备白色薄纱手套。

（四）托盘

托盘是在剪彩仪式上托在礼仪小姐手中，用作盛放红色缎带、剪刀、白色薄纱手套的工具。最好是崭新、洁净的。托盘首选银色的不锈钢制品，并在上面铺放红色绒布或绸缎。在剪彩时，礼仪小姐可以用一只托盘一次向各位剪彩者提供剪刀和手套，也可以为每位剪彩者提供一只托盘。

（五）红地毯

红地毯铺设在正式剪彩时站立之处，其长度可视剪彩者人数的多少而定，宽度应在一米以上。在剪彩现场铺设红地毯，主要是为了提高仪式档次，营造一种喜庆气氛，有时也可以不铺设地毯。

二、参加人员的要求

（一）剪彩者

剪彩者是剪彩仪式上持剪刀剪彩之人，是剪彩仪式的关键，其身份地位与剪彩仪式的档次有着密切的关系。通常情况下，可由上级领导、单位负责人、社会名流、合作伙伴、员工代表等担任。剪彩者可以是一人，也可以是几个人，但一般不超过五个人。

剪彩人员名单一经确认，必须尽早告知对方，使其有所准备。在一般情况下，确定剪彩者时，必须尊重对方个人意见，切勿勉强。数人同时担任剪彩者时，应分别告知每位剪彩者届时他将与何人共同担任，这样做是对剪彩者的一种尊重。必要时可以在仪式前告知剪彩者们有关注意事项，并稍事训练。

剪彩者要有荣誉感和责任感。衣着要大方、整洁、挺括，仪容要适当修饰，精神要饱满，给人以稳健、干练的印象。按照常规，剪彩者应衣着套装、套裙或制服，将头发梳理整齐，不允许戴帽子或者戴墨镜，也不允许穿着便装。

（二）助剪者

助剪者指的是在剪彩仪式中，为剪彩者和来宾提供服务的工作人员。多由东道主一方的女职员担任或是邀请几位专业的人士。现在，称为礼仪小姐。具体而言，在剪彩仪式上服务的礼仪小姐可分为迎宾者、引导者、服务者、拉彩者、捧花者、托盘者。

（1）迎宾者的任务是在活动现场负责迎来送往。
（2）引导者的任务是在进行剪彩时负责带领剪彩者登台或退场。
（3）服务者的任务是为来宾尤其是剪彩者提供饮料，安排休息之处。
（4）拉彩者的任务是在剪彩时展开、拉直红色缎带。
（5）捧花者的任务是在剪彩时手托花团。
（6）托盘者的任务是为剪彩者提供剪刀、手套等剪彩用品。

助剪人的人数在一般情况下遵守以下原则。

（1）迎宾者与服务者应不止一人。
（2）引导者既可以是一个人，也可以为每位剪彩者各配一名。
（3）拉彩者通常应为两人。
（4）捧花者的人数则需要视花团的具体数目而定，一般应为一花一人。
（5）托盘者可以为一人，亦可以为每位剪彩者各配一人。有时，礼仪小姐也可身兼数职。

礼仪小姐的基本条件是，相貌较好、身材颀长、年轻健康、气质高雅、音色甜美、反应敏捷、机智灵活、善于交际。其最佳装束应为：化淡妆、盘起头发，穿款式、面料、色彩统一的单色旗袍，配肉色连裤丝袜、黑色高跟皮鞋。除戒指、耳环或耳钉外，不佩戴其他任何首饰。有时，礼仪小姐身穿深色或单色的套裙亦可。但是，她们的穿着打扮必须尽可能地整齐划一。必要时，可向外单位临时聘请礼仪小姐。

三、剪彩过程

剪彩仪式以短为佳。短则 15 分钟，最长 1 小时。按照惯例，剪彩既可以作为开业仪式中的一项具体程序，也可以独立出来，由其自身的一系列程序组成。独立而行的剪彩仪式，通常应包含如下六项基本程序。

（一）请来宾入座

在剪彩仪式上，一般只安排剪彩者、来宾和本单位主要负责人的座位。一般情况下，剪彩者应就座于前排。若多人剪彩时，应按剪彩时的顺序就座。

（二）仪式正式开始

主持人宣布剪彩仪式开始，乐队演奏音乐，现场视情况燃放鞭炮（有的地方禁止燃放烟花爆竹则免），全体到场者热烈鼓掌。此后，主持人应向全体到场者介绍到场的重要来宾，包括各级政府领导、社会知名人士、同行的杰出代表等，同时向他们表示感谢。

（三）奏国歌

奏国歌时，全体人员必须起立并脱帽。

（四）进行简短发言

首先，安排主办方代表发言。发言内容以介绍此次活动的意义和目的为主，并对有关事宜进行通报和汇报。其次，安排来宾代表发言，依次顺序可为上级主管部门的代表、地方政府的代表、合作单位的代表等。这种发言应言简意赅，充满热情，一般不超过三分钟。

（五）进行剪彩

（1）礼仪员应排成一行率先登场，可从两侧同时登台，或是从右侧登台均可。

（2）登台后，拉彩员与捧花员应当站成一行，拉彩员处于两端拉直红色缎带，捧花员各自双手捧一朵花团。托盘员需站立在拉彩员与捧花员身后一米左右，并且自成一行。

（3）在剪彩者登台时，引导员应在其左前方进行引导，使之各就各位。剪彩者登台时，宜从右侧出场。

（4）当剪彩者均已到达既定位置之后，托盘员应前行一步，到达剪彩者的左后侧，以便为其递上剪刀、手套。

（5）剪彩者不止一人时，则其登台时也应列成一行，并且使主剪者行进在前。

（6）在正式剪彩时，剪彩者应首先向拉彩员、捧花员示意，待其有所准备后，右手持剪刀，表情庄重地将红色缎带一刀剪断。

（7）花团应准确无误地落入托盘员手中的托盘里，切勿使之坠地。为此，需要捧花员与托盘员的合作。

（8）多名剪彩者同时剪彩时，其他剪彩者应注意主剪者的动作，与其主动协调一致，力争大家同时将红色缎带剪断。

（9）剪彩者完成之后应鼓掌庆祝。接下来，可依次与主人握手祝贺，并列队在引导员的引导下退场。

（10）退场时，一般宜从右侧下台。剪彩者退场后，其他礼仪小姐方可列队由右侧退场。

（六）进行参观或聚会

剪彩后，主人陪同来宾参观，剪彩仪式至此宣告结束。随后主办单位可向来宾赠送纪念品，或举行小型答谢宴会向来宾表示感谢。

第二节　签约仪式礼仪

在商务交往过程中，尽管君子协定、口头承诺在一定程度上有所承认，但为了更有效地让商务对象心安，更有效地取信于人，一定要签订"口说无凭，立此为据"的文字性合同，即合同的签署。在商务交往中，它被视为一项标志着有关各方的相互关系取得了更大的进展，或为消除彼此间误会而达成了一致性意见。因此，它极受商界人士的重视。

签约仪式是指各方经过会谈、协商或谈判，形成了某项协议、协定，由各方正式代表在有关正式文本或合同上签字并产生法律效力，表达双方达成一致，共祝合作成功而举办的庄严而隆重的仪式。

一、准备工作

签约仪式是商业交易的公证方式，是商业活动不可缺少的一部分，双方从签约开始形成事实上的约束关系，具有"里程碑"的意义，所以应当提前做好签约仪式的准备，保证活动顺利进行。

（一）准备协议文本

签约之"约"事关重大，一旦签订即具有法律效力。因此，在准备协议文本时一定要慎重，符合要求。双方洽谈或谈判结束后，双方与相关部门指定专人，分工合作完成好文本的定稿、翻译、校对、印刷、装订等工作。除了核对谈判内容与文本的一致性以外，还要核对各种批件、附件、证明等是否完整准确、真实有效以及译本副本是否与样本正本相符。审核文本必须对照原稿件，做到一字不漏，对审核中发现的问题如有争议或处理不当，要及时互相通报，应在签约仪式前，通过再次谈判以达到双方谅解和满意后方可确定。在协议或合同上签字的有几个单位，就要为签字仪式提供几份样本。如有必要，还应为各方提供一份副本。

签署涉外商务合同时，比照国际惯例，待签的合同文本，应同时使用宾主双方法定的官方语言，或使用国际通用的英文、法文。使用外文撰写合同时，应反复推敲，注意非母语语言的规则。待签文本通常应装订成册，并以仿皮或其他高档材质作为封面，以示郑重。其格式一般为大8开，所用的纸张务必高档，印刷务必精美。作为主办方，应为文本的准备过程提供周到的服务和方便的条件。

（二）确定参加仪式的人员

根据签约文件的性质和内容，安排参加签约仪式的人员。参加签约仪式的人员有的涉及国家部委，有的涉及地方政府，也有的涉及对方国家，因此要作相应的安排。主签人员根据文件的性质不同而变化，一般由最高负责人签字，例如国家领导人主签、政府有关部门领导人主签、具体部门负责人（通常是法定代表人）主签。

人员安排原则上是强调对等，即双方主签人的身份应大体相当。参加签字的各方事先还要安排一名熟悉仪式程序的助签人员，在签字时负责文本翻页，并指明签字处，以防漏签。其他出席签字仪式的陪同人员，基本上是双方参加谈判的全体人员，按一般礼貌做法，人数最好大体相等。为了表示重视，双方更高一级的领导人也可出面参加签字仪式，级别和人数一般也是对等的。有关各方预先确定好参加签字仪式的人员，并向有关方面通报，尤其是客方要将出席签约仪式的人数提前通报给主方，以便主方做好安排。

（三）签约人员的着装礼仪

由于签字仪式的礼仪性极强，签字人员的穿着也有着具体要求。按照规定，签字人、助签人以及随员在出席签字仪式时，应穿着具有礼服性质的深色西装套装、中山套装或西装套裙，并且配以白色衬衫与深色皮鞋。男士还必须系上单色领带，以示正规。在签约仪式上出现的礼仪、接待人员，可以穿自己的工作制服，或是旗袍一类的礼仪性服装。

（四）签约仪式场所的落实

落实举行仪式的场所，应视参加签约仪式人员的身份和级别、参加仪式人员的多少和所签文件的重要程度等诸多因素来确定。著名宾馆、饭店或政府部门会议室、会客厅都可以选择。既可以发动宣传，邀请媒体参加，也可以选择僻静场所进行。无论怎样选择，都应是双方协商的结果。任何一方自行决定后再通知另一方，都属失礼的行为。

（五）签约仪式现场的布置

签约厅有常设专用的，也有临时以会议厅、会客室来代替的。布置签字厅的总原则是：庄重、整洁、清静。

一间标准的签字厅，应当室内铺满地毯。除了必要的签字用桌椅外，其他一切的陈设都不需要。正规的签字桌应为长条形桌，其上最好铺设深冷色的台布（应考虑双方的颜色禁忌）。

如果签署双边性合同时，桌后可放两把座椅，供双方签约人签字时用。签署多边性合同时，可以仅放一把座椅，供各方签约人签字时轮流就座，也可以为每位签约人都各自提供一把座椅。签字人在就座时，一般应面对正门。

桌上放好双方待签的文本，上端分别置有签字用具，例如签字笔、吸墨器等。如果是涉外签约，在签字桌的中间摆一国旗架，分别挂上双方国旗，注意不要放错方向，必须恪守以面对房间正门为准的"右高左低"的国际惯例。如果是国内地区、单位之间的签约，也可在签字桌的两端摆上写有地区、单位名称的席位牌。签字桌后应有一定空间供参加仪式的双方人员站立，背墙上方可挂上"××（项目）签字仪式"字样的条幅。签字桌的前方应开阔、敞亮，如请媒体记者应留有空间，配好灯光。

（六）签字仪式的座次安排

在正式签署合同时，各方代表对于礼遇均非常在意。因而商务人员对于在签字仪式上最能体现礼遇高低的座次问题，应当认真对待。

签字时各方代表的座次，通常是由主方预先排定的。合乎礼仪的做法是：在签署双边性合同时，遵循"右高左低"的原则，应请客方签字人在签字桌右侧就座，主方签字人则应同时就座于签字桌的左侧。双方各自的助签人，应分别站立于各自一方主签人的外侧，以便随时对签字人提供帮助。双方其他的随员，可以依照职位的高低，客方依此自左至右，主方依此自右至左地列成一行，站立于己方签字人的身后。当一行站不完时，可以按照以上顺序并遵照"前高后低"的惯例，排成两行、三行或四行（图11-1（a）），或者其他随员可以按照一定的顺序在己方签字人的正对面就座（图11-2（b）），原则上，双方随员人数应大体上相同。

在签署多边性合同时,一般仅设一把签字椅。各方签字人签字时,应该依照有关各方事先协定好的顺序,依此上前签字。他们的助签人应站立于签字人的左侧。与此同时,有关各方的随员,应按照一定的序列,面对签字桌就座或站立(图 11-1(c))。

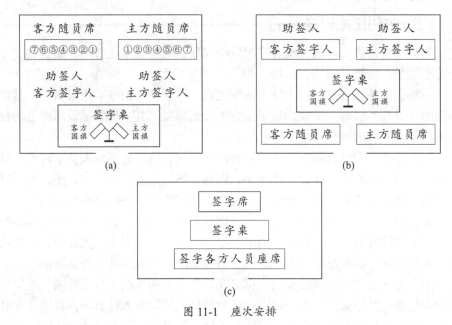

图 11-1 座次安排

二、签约程序

签约仪式的时间虽然不长,但它是签署合同的高潮,其程序应当规范、庄重而热烈。合乎规范的签约,能体现各方的专业素养。签字仪式的正式程序包括以下几点。

(一)仪式开始

有关各方人员进入签字厅,互相握手致意,按照座次安排在既定的位次上坐好。

(二)正式签约

商务礼仪规定:每一位签字人首先签署已方保留的合同文本,并且签在左边首位,然后交换已签署的文本,接着签署他方保存的合同文本。这一做法,在礼仪上称为"轮换制"。它的含义是:在位次排列上,轮流使有关各方有机会居于首位一次,以显示机会均等、各方平等。

（三）交换文本

双方签字人交换有关各方已经签署的合同文本。此时，各方签字人应热烈握手，互致祝贺，互相交换各自一方方才使用过的签字笔，以志纪念。全场人员应鼓掌祝贺。

（四）共饮香槟

交换已签的合同文本后，礼宾人员会用托盘端上香槟酒，请有关人员，尤其是签字人当场举杯共饮，以增添欢庆气氛。这是国际上所通行的用以增添喜庆色彩的做法。

（五）有序退场

签约仪式完毕后，应先请双方最高领导者退场，然后请客方退场，主方最后退场。整个仪式以半小时左右为宜。

在一般情况下，商务合同在正式签署后，应提交有关方面进行公证，此后才正式生效。

第三节 开业仪式礼仪

开业仪式是指在单位建立、开业，项目落成、移交，以及举办某项活动之时，或是开始某项工作之时，为了表示纪念或庆贺，而按照一定的程序所举行的礼仪活动。有时，开业仪式亦可称为开业典礼。

随着对外交往的增加和经济的发展，需要举办开业仪式的活动逐渐增多。一般来说，任何一个单位的建立、开业，或是某个项目的落成、移交等，当事者通常都要专门为此而举办开业仪式。开业仪式受到商家、政府机关及其他当事者的重视，通常有以下四个方面的作用。

（1）有助于塑造良好的企业形象，能够提高企业的知名度以及美誉度。

（2）有助于扩大企业的社会影响，吸引社会各界的重视与关心。

（3）有助于让支持过自己的社会各界与企业一同分享成功的喜悦，进而为日后的进一步合作奠定良好的基础。

（4）有助于增强企业全体员工的自豪感与责任心，从而为自己创造出一个良好的开端，或是开创一个新的起点。

一、准备工作

开业仪式的准备工作是极其重要的，它关系到开业仪式的成功，进而关系到企业开张的顺利及企业业务的开展和企业的社会形象，是一项重要的基础性工作。企业在准备开业仪式时要注意下列几个方面的工作。

（一）做好宣传工作

举办开业仪式的主旨在于塑造企业的良好形象，那么就要对其进行必不可少的舆论宣传，以吸引社会各界的注意。为此要做的常规工作如下。

（1）选择有效的大众传媒媒介，进行集中性的广告宣传。广告内容应包括：开业仪式举行的时间和地点；企业的经营特色；开业时对顾客的优惠和馈赠；购物折扣；顾客光临时应乘坐的车次、路线等。

（2）邀请有关的媒体人士在开业仪式举行之时到场进行采访、报道，以便对本单位进行进一步的正面宣传。

（二）拟定宾客名单

开业仪式影响的大小，实际上往往取决于来宾身份的高低与其数量的多少。在力所能及的条件下，要力争多邀请一些来宾参加开业仪式。地方领导、上级主管部门与地方职能管理部门的领导、合作单位与同行单位的领导、社会团体的负责人、社会贤达、媒体人员，都是邀请时应予优先考虑的重点。

企业为表达诚意与敬意，制作请柬应精美、大方，其形状和大小可根据请柬的内容而定。对邀请出席的宾客，应提前将请柬送其手中，以表达对客人的敬意，必要时请客人给予明确的答复。

（三）布置开业仪式现场

开业仪式多在开业现场举行，其场地可以是正门以外的广场，也可以是正门之内的大厅。按照惯例，举行开业仪式时宾主一律站立，故一般不布置主席台或座椅。为显示隆重与敬客，可在来宾尤其是贵宾站立之处铺设红色地毯，并在场地四周悬挂横幅、标语、气球、彩带、彩旗。此外，还应当在醒目之处摆放来宾赠送的花篮、牌匾。来宾的签到簿、企业的宣传材料、待客的饮料等需要提前准备好。对于音响、照明设备，以及开业仪式举行时所需使用的用具及设备，必须事先认真进行检查、调试，以防其在使用时出现差错。

（四）做好接待服务工作

在举行开业仪式的现场，除了本单位的全体员工以主人翁的身份热情待客、有求必应、主动相助外，更重要的是分工负责，各尽其职。在接待贵宾时，需由本单位主要负责人亲自出面。在接待其他来宾时，则可由企业的礼仪小姐负责。来宾较多时，要准备好专门的停车场、休息室。

（五）开业礼品的准备

举行开业仪式时赠予来宾的礼品，一般属于宣传性传播媒介的范畴。若能选择得当，必定会产生良好的效果。根据常规，向来宾赠送的礼品，应具有如下四大特征：一是宣传性，选用企业的产品或企业和产品的简介。二是荣誉性，是指有一定的纪念意义。三是独特性，礼品应当与众不同，具有企业鲜明的特点。四是便携性，礼品应当体积较小，不易破损，并且易于携带。

二、开业程序

开业当天，主办单位的主要领导者，男性要身着深色西装，穿黑色皮鞋；女性宜穿着西装或套裙，在场依照身份站成迎宾线，微笑迎候客人并与之热情握手，表示感谢。

各界参加者以及政府官员在开业当天一般都要携带包装精美、饰以红绸的书画或其他装饰品等作为馈赠礼品，由主要参加者到场，双手呈交给开业单位，并表示祝贺。来宾抵达后，应由服务人员引入休息室或会场，依次签到。

相关人员（或剪彩人）要身着正规服装，提早熟知各项程序，并按主人的要求准时到达。

开业仪式具体程序如下。

1. 迎宾

接待人员在会场门口接待来宾，请其签到，引导其就座。若不设座位，则告诉来宾其所在具体位置。

2. 典礼开始

主持人宣布开业典礼正式开始。

3. 宣读重要来宾名单

全体来宾起立，宣读重要来宾名单。

4. 负责人致辞

由企业负责人致辞，其主要内容是向来宾及祝贺单位表示感谢，并简要介绍本单位的经营特色和经营目标。

5. 贵宾致贺词

由各界代表致贺词，主要表达对开业单位的祝贺。对外来的贺电、贺信等不必一一宣读，但对其署名的单位或个人应给予公布。

6. 揭牌或剪彩

由企业负责人和上级领导或嘉宾代表揭去盖在牌匾上的红布或是进行剪彩仪式，宣告企业的正式成立或活动的正式开始，参加典礼的全体人员鼓掌祝贺。

7. 参观、会谈

开业仪式结束后，主人可带领来宾参观或组织座谈。参观、座谈过程中不但可以介绍本企业的基本情况，以加深社会各界人士对企业的了解，广泛征求意见，同时这也是宣传企业的极好时机。

8. 欢迎首批顾客

开业仪式结束后，新店即正式对外营业。店领导为表诚意，可在门口恭候顾客光临。在营业过程中，对首批顾客，营业员更应注重销售礼仪，还可准备一些印有店标字样的礼品赠予顾客作纪念。

上述过程可以根据具体情况来适当调整。成功的开业典礼标志是内容简洁、流程紧凑，能起到很好的宣传作用。

三、开业仪式的类型

不同的开业仪式有共性和个性，它们的共性，都是要以热烈而隆重的仪式，为企业或组织的发展创造一个良好的开端；它们的个性，则表现在仪式的具体运作上存在不少的差异，需要有所区别。除了上述一些基本的商业开业仪式程序外，还有其他类型的开业仪式及程序。

（一）开工仪式

开工仪式是工厂准备正式开始生产产品、矿山准备正式开采矿石等时刻专门举行的庆祝性、纪念性活动。

为了使出席开工仪式的全体人员均能耳濡目染、身临其境，开工仪式大都在生产现场举行。即以工厂的主要生产车间、矿山的主要矿井等处作为举行开工仪式的场所。

开工仪式的常规程序主要有以下五项。

（1）宣布仪式开始，全体起立，介绍各位来宾，奏国歌。

（2）在主持人的引导下，企业的主要负责人陪同来宾行至开工现场肃立。例如，机器开关或电闸附近。

（3）正式开工。届时企业负责人应请本单位职工代表或来宾代表来到机器开关或电闸旁，首先对其躬身施礼，然后再动手启动机器或合上电闸。全体人员此刻应鼓掌致贺，并奏乐。

（4）全体职工各就各位，上岗进行操作。

（5）在企业负责人的带领下，全体来宾参观生产现场。

（二）奠基仪式

奠基仪式是一些重要的建筑物，如大厦、场馆、亭台、楼阁、园林、纪念碑等，在动工修建之初正式举行的庆贺性活动。奠基仪式现场的选择与布置，通常都有一些独特的规矩。奠基仪式举行的地点，一般应选择在动工修建建筑物的施工现场。而奠基的具体地点，则按常规应选在建筑物正门的右侧。

在一般情况下，用以奠基的奠基石应为一块完整无损、外观精美的长方形石料。在奠基石上，通常文字应当竖写。在其右上方，应刻有建筑物的正式名称。在其正中央，应该有"奠基"两个大字。在其左下方，则应该有奠基单位的全称以及举行奠基仪式的具体年月日。奠基石上的字体，大都以楷体字刻写，并且最好是白底金字或黑字。

在奠基石的下方或一侧，还应安放一只密闭完好的铁盒，内装该建筑物的各项资料以及奠基人的姓名。届时，它将同奠基石一道被奠基人等培土掩埋于地下，以志纪念。通常，在奠基仪式的举行现场应设立彩棚，安放该建筑物的模型或设计图、效果图，并使各种建筑机械就位待命。

奠基仪式的程序大体可以分为以下五项。

（1）仪式开始。介绍来宾，全体起立。

（2）奏国歌。

（3）主人对该建筑物的功能以及规划进行介绍。

（4）来宾致辞道贺。

（5）正式进行奠基。此时，应演奏喜庆乐曲。首先由奠基人双手持系有红绸的新锹为奠基石培土。随后，再由主人与其他嘉宾依此为之培土，直至将其埋没为止。

（三）破土仪式

破土仪式也称破土动工，是指在道路、河道、水库、桥梁、电站、厂房、机场、码头、车站等正式开工之际，所专门举行的动工仪式。破土仪式举行的地点，大多应当选择在工地的中央或某一侧。

倘若来宾较多，尤其是当高龄来宾较多时，最好在现场附近临时搭建某些以供休息的帐篷或活动房屋，使来宾得以免受风吹、日晒、雨淋，并稍事休息。

破土仪式的具体程序有以下五项。

（1）宣布仪式开始。介绍来宾，全体肃立。

（2）奏国歌。

（3）主人致辞，以介绍和感谢为其发言的重点。
（4）来宾致辞祝贺。
（5）正式破土动工，由来宾环绕破土之处的周围肃立，破土者双手持系有红绸的新铁锹铲土三次，全体鼓掌并奏乐，或燃放鞭炮（可用电子鞭炮）。

（四）竣工仪式

竣工仪式，又称落成仪式或建成仪式。它是指本单位所属的某一建筑物或某项设施建设、安装工作完成之后，或者是某一纪念性、标志性建筑物，如纪念碑、纪念塔、纪念堂、纪念像、纪念雕塑等建成之后，以及某种意义特别重大的产品生产成功之后，所专门举行的庆祝性活动。

举行竣工仪式的地点，一般选择在现场。如新落成的建筑物之外，刚刚建成的纪念碑、纪念堂的旁边。

竣工仪式的基本程序通常有七项。
（1）仪式宣布开始，介绍来宾，全体起立。
（2）奏国歌，并演奏本单位标志性歌曲。
（3）本单位负责人发言，以介绍、回顾、感谢为主要内容。
（4）进行揭幕或剪彩。
（5）全体人员向竣工仪式的"主角"——刚刚竣工或落成的建筑物，郑重其事地恭行注目礼。
（6）来宾致辞。
（7）进行参观。

（五）通车仪式

通车仪式，大都是在重要的交通建筑完工并验收合格之后，正式举行的启用仪式，例如公路、铁路、地铁以及重要的桥梁、隧道等，在正式交付使用之前，均会举行一次以示庆祝的通车仪式。有时，通车仪式又叫开通仪式。

举行通车仪式的地点通常为公路、铁路、地铁新线路的某一端，新建成桥梁的某一头，或者新建隧道的某一侧。

在现场附近以及沿线两旁，应适量地插上彩旗、挂上彩带。必要时，还应设置彩色牌楼并悬挂横幅。在通车仪式上，被装饰的重点应当是第一辆通行的汽车、火车或是地铁列车。在车头一般应系有红花。在车身两侧则可酌情插上彩旗，系上彩带，并且悬挂上醒目的大幅宣传性标语。

通车仪式的主要程序一般有六项。
（1）宣布仪式开始。介绍来宾，全体起立。
（2）奏国歌。

（3）主人致辞，主要内容是介绍即将通车的新线路、新桥梁或新隧道的基本情况，并向有关方面致谢。

（4）来宾代表致辞祝贺。

（5）正式剪彩。

（6）首次正式通行车辆。届时，宾主及群众代表应一起登车而行。有时，还须由主人所乘坐的车辆行进在最前面开路。

第四节 交接仪式礼仪

交接仪式在商务活动中具有特殊的意义，它既是商务伙伴们对于所进行过的成功合作的庆贺，是对给予过自己关怀、支持、帮助和理解的社会各界的答谢，又是接收单位与施工、安装单位巧妙地利用时机，为各方各自提高知名度、美誉度、认同度而进行的一种公共宣传活动。

一、准备工作

准备交接仪式，主要关注以下三件事。

（一）来宾邀请

来宾的邀请，通常应由交接仪式的主办方，即施工、安装单位负责。在具体拟定来宾名单的过程中，安装、施工单位也可以主动征求自己的合作伙伴、接收单位的意见。接收单位对于安装、施工单位所拟定的名单不宜过于挑剔。

一般来说，交接仪式的出席人员包括施工、安装单位的人员，接收单位的有关人员、上级主管部门的有关人员，当地政府的一些官员，行业组织、社会团体重要人士，各界知名人士、媒体人士以及协作单位的有关人员，等等。

在上述人员中，除施工、安装单位的有关人员之外，其他所有人员均应提前送达或寄达正式的书面邀请，以示对对方的尊重之意。

（二）现场布置

在选择交接仪式的现场时，通常应视交接仪式的重要程度、全体出席者的具体人数、交接仪式的具体程序与内容等几个方面的因素综合而定。

一般来说，可将交接仪式的举行地点安排在已建设、安装完成并验收合格的工程项目或大型设备所在地的现场。有时亦可将其酌情安排在主办方单位本部的会议厅，或者由施工、安装单位与接收单位双方共同认可的其他场所，如酒店的多功能厅等。

在交接仪式的会场，如果没有专门的主席台，可以视情况而定临时搭建一处主席台。如果条件允许的话，还可以在上面铺上一块红地毯。安排足够的座椅供出席来宾使用，在主席台上空，应悬挂一条红色巨型横幅，上面应写明交接仪式的具体名称，如"某某工程项目交接仪式"，或"热烈庆祝某某建筑正式投入使用"等。

在举行交接仪式的现场四周，尤其是在正门入口之处、干道两侧、交接物四周，可酌情悬挂一定数量的彩带、彩旗、彩球，并放置一些色泽艳丽、花朵硕大的盆花，用以美化环境。

来宾所赠送花篮较多的情况下，按照约定俗成的顺序，"先来后到""不排名次"等，将其呈一列摆放在主席台正前方，或是分成两行摆放在现场入口处门外两侧。

（三）物品预备

由主办方提前准备在交接仪式上作为交接象征的有关物品，如验收文件、有关表格、钥匙等。验收文件是指已经公证的由交接双方正式签署的证明性文件；有关表格是指交付给接收单位的全部物资、设备或其他物品的名称、数量的明细表；钥匙则是指用来开启被交接的建筑物或机械设备的钥匙。除此之外，主办方应为来宾准备一些纪念品，如被交接的工程项目、大型设备的微缩模型，或以其为主角的画册、明信片、纪念章、领带针、钥匙扣等。

二、参加人员的要求

在参加交接仪式时，不论是主办方还是来宾，都存在表现是否得体的问题。假如有人在仪式上不遵守礼仪，往往就会黯然失色，甚至会因此而影响有关各方的相互关系。

（一）主办方

1. 注重仪表整洁

主办方参加交接仪式的人员是本单位的形象代表，必须要求他们妆容规范、服饰得体、举止有方。

2. 注重保持风度

在交接仪式举行期间，主办方人员要维持现场秩序，保持纪律。在为发言者鼓掌时，不要厚此薄彼。当来宾为自己道喜时，大方接受，适时回礼，切勿自得忘形。

3. 注重待人友好

不管自己是否专门负责接待、陪同或解说工作，主办方全体人员都应当自觉地树立起主人翁意识。一旦来宾提出问题或需要帮助时，都要鼎力相助。不能出现一问三不知、借故推脱、拒绝帮忙，甚至胡言乱语、大说风凉话的现象。即使自己力不能及，也要向对方说明原因，并且及时向有关方面进行反映。

（二）来宾

1. 致以祝贺

接到正式邀请后，被邀请者即应尽早以单位或个人的名义发出贺电或贺信，向主办方表示热烈祝贺。有时，被邀请者在出席交接仪式时，将贺电或贺信面交主办方也是可行的。不仅如此，被邀请者在参加仪式时，还须郑重其事地与主办方主要负责人一一握手，再次口头道贺。

2. 略备贺礼

为表示祝贺之意，可向主办方赠送一些贺礼，如花篮、牌匾、贺幛等。时下，以赠予花篮最为流行。它一般需要在花店订制，用各色鲜花插装而成，并且应在其两侧悬挂特制的红色缎带，右边书写祝贺之语，左边书写本单位的全称。它可由花店代为先送达，亦可由来宾在抵达现场时面交主人。

3. 预备贺词

假若自己与主办方关系密切，则还须提前预备一份书面贺词，以备邀请发言时之用。其内容应当简明扼要，主要是为了向主办方道喜祝贺。

4. 准点到场

若无特殊原因，接到邀请后，务必正点抵达。若不能出席，则应尽早通知主办方，以防在仪式举行时因人员缺席而使主人难以开展工作。

三、交接程序

主办方在拟定交接仪式的具体程序时，必须注意：①在大的方面参照惯例执行，尽量不要标新立异；②必须实事求是，量力而行，在具体的细节上不必事事贪大求全；③交接仪式宜短不宜长，具体程序上讲究少而精。正常情况下，每次交接仪式所用的时间，大体上不应当超过一小时。

具体来说，交接仪式有下述五项基本程序。

（一）交接仪式正式开始

主持人宣布交接仪式正式开始，此刻，全体与会者应热烈鼓掌，以表达对主办方的祝贺之意。

(二) 奏国歌

全体起立，升国旗，奏国歌，也可随之演奏主办方单位的标志性歌曲。

(三) 正式交接

由施工、安装单位与接收单位正式进行有关工程项目或大型设备的交接。具体的做法，主要是由施工、安装单位的代表，将有关工程项目、大型设备的验收文件、一览表或者钥匙等等象征性物品，正式递交给接收单位的代表。此时，双方应面带微笑双手递交、接收有关物品。在此之后，还应热烈握手。至此，标志着有关的工程项目或大型设备已经被正式地移交给了接收单位。假如条件允许，在该项程序进行的过程之中，可在现场演奏或播放节奏欢快的喜庆性歌曲。

在有些情况下，为了进一步营造出热烈而隆重的气氛，这一程序亦可由上级主管部门或地方政府的负责人为有关的工程项目、大型设备的启用以剪彩仪式所取代。

(四) 各方代表发言

在交接仪式上，须由有关各方的代表进行发言。他们依次应为：施工、安装单位的代表，接收单位的代表，来宾的代表。发言通常宜短忌长，只需要点到头止的寥寥数语即可。原则上来讲，每个人的发言应以三分钟为限。

(五) 交接仪式结束

宣告交接仪式正式结束。全体与会者报以热烈的掌声以示祝贺，随后安排来宾参观有关的工程项目或大型设备。参观时，东道主应安排经验丰富的陪同或解说人员进行详细介绍，以加深来宾对工程项目或大型设备的了解和认识。

若是出于某种原因，不便邀请来宾进行现场参观，也可以通过组织来宾参观有关的照片展览或向其发放宣传资料的方式来满足来宾的好奇心。

仪式结束后，若不安排参观活动，可为来宾安排一场文艺表演，以增添欢快轻松的气氛。

本章小结

商务仪式活动包括剪彩仪式、签约仪式、开业仪式和交接仪式等，举办各种形式的仪式活动，是一个商业组织不可缺少的组成部分，它有助于产品形象和知名度的扩大、企业美誉度的提升。在商务仪式活动中，从活动的准备到完美收官，商务礼仪贯穿始终，对活动的举办有举足轻重的作用。

本章思考题

1. 签约仪式摆放国旗时，需要遵守哪些礼仪？
2. 剪彩人员一般有哪些人担当？
3. 开业仪式分为几种形式？

 实战训练

学校为了让商务专业的学生能真正做到学以致用，理实一体，特地给经管系筹建了一个校园超市。准备在新生开学之前开业，要举行简单的开业仪式，学校把这个任务交给了商务专业的学生，由老师带领学生进行演练。

活动要求：

1. 组建小组，每组 4~6 人，选出一名组长，由组长确定组员任务和工作进度的安排，分小组开展活动。
2. 各小组有序进行彩排前的准备工作，比如礼品、绸缎、花球（可以找象征性的物品替代）。
3. 每组选出主持人、致辞人、剪彩人（最少可以 2 人）、接待人员。
4. 以小组为单位进行汇报演示，现场录像，全部演示完毕，选派代表在全班进行交流发言和展示，小组互评，教师点评。

 课外知识

剪　彩

据说，剪彩仪式是在一个世纪以前首次出现的。据说在一个小镇上，当时有一个老板叫威尔逊。他新办了一家百货店，说好了大概下午 3 点钟开业，但毕竟是一个世纪以前，可能当地的百货店少，还没有到开业的时间，外面就来了很多人。他怕有人冲进去，因为里面还没有准备好，所以就临时拉了一条红布把门口给拦上了。可是没有想到老板家小姑娘领了一条小狗过来了，那小狗一看见红布，就激动地冲进去了，随后小姑娘也冲进去了。这一冲，就把那条红布给拽断了。后面的人不知道具体情况，一看见红布被拽断了，大家就蜂拥而进。结果这天店里人山人海，大赚特赚，店主也觉得非常吉利。后来人们就把这个做法推而广之，剪彩仪式由此而来。

参考文献

[1] 陆纯梅，范莉莎. 现代礼仪实训教程 [M]. 北京：清华大学出版社，2008.

[2] 张岂之. 中国传统文化 [M]. 北京：高等教育出版社，2005.

[3] 金正昆. 礼仪金说 [M]. 西安：陕西师范大学出版社，2006.

[4] 纪江红. 世界文化与自然遗产 [M]. 北京：北京出版社，2005.

[5] 闻君，金波. 现代礼仪实用全书 [M]. 北京：时事出版社，2007.

[6] 李敏，刘晓丽. 国外的礼仪与禁忌 [M]. 北京：中国社会出版社，2006.

[7] 谢艳明. 世界文化及风俗指南 [M]. 郑州：河南大学出版社，2009.

[8] 吴忠军，杨艺. 中外民俗与礼仪 [M]. 大连：东北财经大学出版社，2007.

[9] 何山. 礼仪是你最好的名片——你一生最应该掌握的16种社交礼仪 [M]. 北京：中国长安出版社，2007.

[10] 孙乐中. 实用日常礼仪 [M]. 南京：江苏科学技术出版社，2005.

[11] 金正昆. 现代礼仪 [M]. 北京：北京师范大学出版社，2006.

[12] 王燕，李聪聪，李文婷. 商务礼仪实用教程 [M]. 济南：山东科学技术出版社，2021.

[13] 褚倍. 商务礼仪 [M]. 北京：清华大学出版社，2020.

[14] 周加李. 涉外礼仪 [M]. 北京：机械工业出版社，2016.

[15] 李肇星. 说不尽的外交 [M]. 北京：中信出版社，2014.

[16] 杨金波. 政务礼仪 [M]. 北京：中国工商联合出版社，2018.

[17] 李洪勇，李聪聪. 礼仪全攻略 [M]. 北京：清华大学出版社，2010.